Eugène Forcade

La guerre
du socialisme

Essai

ISBN : 978-1545415924

10 9 8 7 6 5 4 3 2 1

Eugène Forcade

La guerre du socialisme

Essai

Table de Matières

I. LA PHILOSOPHIE REVOLUTIONNAIRE ET SOCIALE.
6

II. L'ÉCONOMIE POLITIQUE REVOLUTIONNAIRE ET SOCIALE. **36**

I. LA PHILOSOPHIE REVOLUTIONNAIRE ET SOCIALE.

Savoir que l'on a pour soi le bon sens, la raison, la science, mais les voir privés de leur plus belle vertu, la force lumineuse et pénétrante qui subjugue les convictions ; éprouver les élans les plus énergiques du dévouement, mais les sentir ployer comme les muscles du lutteur qui s'affaisse sous la pression aveugle et brutale de la sottise, de la folie ou du crime ; adorer dans son âme la vérité et la justice, et douter de leur triomphe : c'est la douleur amère que les révolutions infligent aux esprits fidèles qui ont résolu de ne point céder à leurs débordements. J'ai sous les yeux vingt publications consacrées à la réfutation du socialisme ; il s'y trouve vingt fois plus d'arguments et de preuves qu'il n'en faudrait, en un temps heureux, auprès d'intelligences saines et libres, pour mettre à néant cette ridicule et désastreuse erreur. En parcourant ces pages savantes, éloquentes, libérales, lorsqu'on songe aux malheurs qu'elles n'ont pu épargner, on se demande avec un frisson de découragement à quoi servent nos débiles tentatives contre ces tempêtes humaines qui foudroient le génie et déracinent la puissance. Y a-t-il dans quelques gouttes d'encre répandues sur quelques feuilles volantes un charme suffisant pour dompter la fanatique fureur qui fait couler le sang des peuples ? Hélas ! nous l'ignorons ; mais nous ne devons point trébucher sur ce doute, et, quoi qu'il puisse arriver, il faut écrire. Il faut écrire, quand il n'y aurait plus d'autre noblesse à protester contre l'oppression de l'erreur populaire que celle que Pascal saluait dans l'homme dominant par le jaillissement de la pensée les forces brutales de la nature qui l'écrase. Il faut écrire, quand ce ne serait plus que pour faire arriver, en ces temps d'alarmes, à des amitiés lointaines, à des sympathies dispersées, le cri de ralliement des sentinelles perdues. Il faut écrire, quand il ne resterait plus qu'à aller au-devant d'une défaite glorieuse ; car, aux temps révolutionnaires, nous répondons de notre volonté, non des résultats que la Providence en tire ; car le mérite n'est pas attaché au succès, mais à l'effort ; car nous avons à combattre, non pour la victoire, mais pour le devoir.

Il faut écrire surtout pour empêcher de nobles principes, des droits précieux de tomber dans le mépris de l'opinion, qui sort

Eugène Forcade

toujours plus abaissée et plus corrompue des catastrophes révolutionnaires. C'est assurément un état lamentable pour un peuple d'être réduit à ne plus marquer que par des révolutions ses étapes dans l'histoire ; mais, quelque funeste que soit cette maladie, il ne nous est jamais permis de la croire mortelle et de nous coucher en tournant le dos à l'avenir. Les révolutions sont un scandaleux mélange de bien et de mal, de bon grain et d'ivraie. En attendant que Dieu ait achevé la moisson des événements et le triage suprême des idées, il faut que des esprits inébranlables dégagent de ce pêle-mêle impur les fruits durables qu'il enferme. C'est l'œuvre que les plus illustres de nos pères ont accomplie depuis soixante ans. Ce n'est pas la première fois, hélas ! que les espérances qui ont accueilli la rénovation de 89 sont démenties et humiliées. Ce n'est pas la première fois, en France et en Europe, que les plus nobles cœurs, qui s'étaient dévoués à l'émancipation des peuples, se détachent avec repentir de cette belle cause, si souvent et si tristement souillée. Que serait devenue notre patrie, si, dans ces mauvais jours, à ces heures sombres où la notion du bien et du mal s'obscurcit dans les consciences, au moment, par exemple, où la France saignante et la convention décimée tremblaient sous la tyrannie infamante d'un Robespierre et d'un Marat, si alors même des hommes intrépides, réfugiés sur la sereine hauteur de leurs convictions, n'eussent conservé dans une espérance invincible les dernières étincelles de liberté où puisse encore se rallumer notre génie ?

Renier le bien à cause du mal qui un instant le submerge, n'est point la seule tentation dont il soit nécessaire de nous défendre. Il est cruel à des cœurs généreux de passer pour hostiles à la cause du progrès aux yeux des multitudes abusées. Résignons-nous aux conséquences de cette méprise inique et passagère ; mais ne laissons point le découragement ou le dépit nous ravir l'intelligence des choses qui se passent autour de nous, et, parce que d'autres usurpent le drapeau du progrès, ne refusons point de chercher même au sein des misères actuelles les éléments et les conditions des améliorations futures. Gardons-nous, en un mot, de nous tromper sur le sens et les conséquences de la révolution où nous figurons comme témoins et comme acteurs. Cette impartialité est, il est vrai, difficile aux contemporains des révolutions. Ils y sont trop intéressés ; ils voient les choses et les hommes de trop près pour en saisir la proportion dans un ensemble qui leur échappe, dont ils ont observé les faibles et souvent méprisables commencements, dont la marche les épouvante, et dont ils ne devinent point la fin incertaine. Puis, le jugement, accoutumé au point de vue des temps ordinaires et réguliers, a peine à se monter au point de vue des époques extraordinaires, où toutes les lois de la vraisemblance sont confondues. De là cette mobilité d'impressions, cet aveuglement perpétuel, ces brusques soubresauts d'une confiance inerte et stupide à d'imbéciles paniques et à de lâches désespoirs, et ces cyniques apostasies de l'opinion publique affolée qui signalent les époques révolutionnaires. Si, au moment où Dieu tonne du plus haut des cieux, la raison persiste à ramper sur les bas-fonds du terre-à-terre, déconcertée, bafouée, bernée par tous les événements, elle chancelle et tombe dans sa honteuse maladresse, comme ces gymnastes déroutés, auxquels Démosthène comparait le peuple athénien, qui ne parent les coups qu'après les avoir reçus. Efforçons-nous donc de nous dégager de l'épais milieu qui nous oppresse. Nous vivons à une époque où la Providence se joue à faire de grandes choses avec des personnages vils ou grotesques. Ne laissons- point la petitesse importune des *fantoccini* s'interposer entre nous et la majesté des plans divins.

La crise actuelle n'est plus la révolution politique d'un peuple ; elle est la révolution sociale de toute une civilisation. Chaque révolution procède d'une nécessité historique et donne à l'humanité un problème à résoudre. La nécessité de la révolution européenne qui s'opère sous nos yeux est visible, et le problème qu'elle apporte est nettement posé. Elle est la conséquence inévitable du mouvement qui entraîne l'humanité depuis le XVIe siècle. Deux besoins, deux passions ont, depuis cette époque, saisi l'humanité et la tourmentent sans relâche : l'humanité veut se posséder elle-même et posséder la nature ; elle a pris et elle prend possession d'elle-même par la liberté religieuse, c'est-à-dire en affranchissant la conscience individuelle dans ses rapports avec Dieu du joug matériel des pouvoirs politiques ; par la liberté philosophique, c'est-à-dire en excitant la raison à soumettre à ses investigations et à ses lois toutes les idées qui dirigent l'homme et les sociétés ; par la liberté civile et politique, c'est-à-dire en demandant compte à toutes les institutions de leur origine, de leur utilité et de leur fin, en substituant

Eugène Forcade

graduellement, dans le gouvernement des peuples, comme mobile, l'intérêt général au privilège de quelques-uns, et comme moteur, la discussion, qui est l'arme égale de tous, à la force, qui est le monopole du petit nombre. Telle est, dans l'ordre moral, l'aspiration et l'œuvre de l'humanité depuis trois siècles ; c'est ainsi qu'elle a travaillé à s'organiser conformément à sa raison et à son libre arbitre. Mais, dans le même temps, par les sciences physiques, par la navigation, par la colonisation, par l'industrie, par le commerce, la civilisation européenne prenait possession de la terre entière et s'emparait aussi de la nature. Deux mots ont désigné ces conquêtes simultanées et progressives : l'une, par laquelle l'humanité se rendait maîtresse d'elle-même, s'est appelée liberté ; l'autre, par laquelle elle s'appropriait la nature, s'est appelée richesse. Or, aujourd'hui, ces deux grands développements de la civilisation, leur première évolution accomplie, se rencontrent face à face. En effet, à mesure que l'homme collectif poursuivait son œuvre, un travail analogue et parallèle s'opérait au sein des sociétés particulières : les classes dans les sociétés et les individus dans les classes aspiraient et atteignaient graduellement à la liberté et à la richesse. L'on devait donc prévoir que le jour viendrait, et il est venu, où les derniers arrivés, les plus nombreux, demanderaient leur part de la liberté et de la richesse. Voilà la nécessité historique de la révolution actuelle ; le jour devait aussi venir, par conséquent, où ils exigeraient que la raison, qui a établi son empire sur la politique, l'étendît plus loin encore et organisât dans l'intérêt de tous, suivant les lois de la science et de la justice, la possession de la nature par l'homme, c'est-à-dire la production et la distribution des richesses. Voilà le problème posé par la révolution actuelle ! On ne nous reprochera point d'en affaiblir l'énoncé et d'en dissimuler la grandeur.

Nous croyons, en effet, que ceci est un grand moment dans l'histoire du monde. Le choc qui heurte les sociétés dans leur constitution économique les a ébranlées dans tous leurs fondements, et réveille, car tout se tient à la racine des choses, les plus graves débats de religion, de philosophie et de politique qui aient ému l'Europe depuis trois siècles. Il serait donc intempestif d'atténuer les difficultés ou de s'y jouer. Il faut regarder le sphinx en face quand, pour les sociétés modernes, le mot caché sous l'énigme est restauration ou mort.

I. LA PHILOSOPHIE REVOLUTIONNAIRE ET SOCIALE.

Le délire des idées qui accompagne les révolutions est plus funeste et plus redoutable que l'instinct impétueux et la chaleur du sang qui les font éclater. Tous les mouvements sociaux enfantent leurs théoriciens et produisent leurs philosophies qui aggravent et prolongent les révolutions, en voulant ériger en système permanent et absolu ce qui n'est qu'une crise maladive et passagère de l'humanité. Le danger des théories révolutionnaires, c'est de faire croire aux masses qu'elles peuvent, en un seul effort, atteindre à la chimère d'un bien ou d'un bonheur définitif ; leur crime, c'est, en excitant les passions ardentes des multitudes à la poursuite de l'impossible, d'allumer en elles des espérances inévitablement déçues, qui ne s'épuisent à la fin qu'en une fureur de destruction. Une révolution, si malheureuse ou si coupable qu'en soit l'origine, est le symptôme, symptôme terrible, d'une nécessité de progrès trop longtemps comprimée. Les révolutions ne seraient que des accidents heureux, si l'on se contentait de se conformer aux seuls avertissements qu'elles apportent ; mais les partis et les systèmes ne peuvent avoir leur compte à si bon marché. Une fois les peuples mis en branle, il est impossible qu'ils s'arrêtent au terme auquel ils semblaient avoir mesuré leur élan. Jusqu'à ce qu'ils aient, pour ainsi dire, jeté le feu qui les a soulevés, les ambitieux et les sectaires, et à leur suite l'état-major pullulant des Catilinas de tous les temps, cette horde fiévreuse des esprits faux et vains, paresseux et turbulents, gangrenés d'impuissance et d'envie, qui rendent en haine à la société l'insupportable ennui que leur inspirent leur médiocrité hargneuse, leur lâcheté morale, leurs échecs et leurs vices ; tous soufflent sans relâche sur les inquiétudes populaires leur venin ou leur folie ; tous leur demandent tour à tour la satisfaction de leurs convoitises, de leurs vengeances ou de leurs rêves, et tous offrent, sous le masque de doctrines générales, une justification adulatrice et emphatique aux égarements des multitudes.

La révolution actuelle ne pouvait se dérober à cette loi : elle devait produire, elle aussi, son idéologie. Suivez, en effet, la déduction logique du socialisme démocratique. Au premier abord, et pour le plus grand nombre, il ne se présente que comme une question d'économie politique et de politique : il faut améliorer sans cesse le sort des classes souffrantes, voilà le point de départ commun à tous les partis, à tous les systèmes et d'où procèdent aussi les socialistes

Eugène Forcade

démocrates ; il faut que les intérêts des classes souffrantes soient assurés par des garanties politiques et par des combinaisons économiques. Jusqu'ici encore le problème est le même pour les socialistes démocrates et pour les libéraux ; mais voici où la scission commence. En politique, les démocrates socialistes prétendent que la volonté du plus grand nombre est l'expression infaillible de la justice et de la loi, et donne toujours à la vie sociale l'inspiration la plus intelligente et la plus sûre ; en économie politique, ils prétendent, en assujettissant toute liberté individuelle, tout intérêt particulier à l'intérêt prétendu et à la volonté du plus grand nombre, trouver la combinaison économique qui doit assurer le bonheur de tous. Voilà la prétention nouvelle que les démocrates socialistes ont introduite dans le monde sous la forme la plus directe et la plus immédiate par la révolution actuelle. Approfondissez le sens et calculez la portée de cette prétention : il n'y a plus seulement ici une question de travail et de pain, de droits politiques et de loi électorale. Le socialisme démocratique se vante de posséder les lois absolues et définitives de la vérité sociale et du bonheur social. Il se vante de posséder le mot, jusqu'ici cherché en vain par toutes les philosophies et mystérieusement révélé par la religion, le mot de la destinée humaine. Il se vante de connaître toute la mission de l'homme sur la terre, où il l'enchaîne par la promesse du bonheur, et, par conséquent, de connaître ses rapports avec Dieu et avec la création. Avant d'être un système politique ou économique, le socialisme est donc un système philosophique. Pour faire accepter à la raison individuelle, à la liberté individuelle, à l'intérêt individuel, les sacrifices qu'elle veut lui imposer, la démocratie socialiste est obligée de chercher dans les plus lointaines investigations philosophiques ses titres prétendus et l'autorité persuasive à laquelle seule peuvent obéir les consciences humaines. La société a donc deux choses à défendre contre le socialisme démocratique ; avant de lui demander compte de ses panacées et de ses utopies économiques, elle doit attaquer au cœur sa philosophie. Telle est désormais la double condition et le double caractère de la polémique sociale.

Jusqu'à la révolution de février, jusqu'au moment où le socialisme est devenu le fait politique dominant et la préoccupation la plus impérieuse du moment, cette solidarité logique, qui force

I. LA PHILOSOPHIE REVOLUTIONNAIRE ET SOCIALE.

le socialisme à souder son économie politique à une philosophie, n'était que vaguement pressentie par les socialistes eux-mêmes et par leurs adversaires. Les saint-simoniens avaient bien compris, il est vrai, qu'il est impossible de s'adresser aux intérêts matériels de l'homme sans s'emparer de ses convictions morales, et que la même main qui lui offre le pain du corps est tenue de lui présenter la nourriture de l'âme ; mais ils escamotèrent la question philosophique sous le dogmatisme facile d'une révélation religieuse. Fourier et son école avaient bien établi leurs plans économiques sur des espèces d'ébauches de psychologie et de morale, mais cet empirisme grossier ne tombait point dans le domaine de la science et restait au-dessous de la critique philosophique. M. Pierre Leroux avait bien émis ses hypothèses semi-poétiques, semi-métaphysiques ; mais chez lui, c'étaient les plans de réalisation économique qui faisaient défaut. Seul, M. Proudhon avait embrassé dans une même étreinte, avec la même fougue d'audace et le même appétit de scandale, la discussion économique et philosophique ; mais M. Proudhon, par le côté sérieux de son talent, demeurait isolé, peu étudié et peu compris au sein même du socialisme. Il ne publia son grand ouvrage, le *Système des contradictions économiques*, qu'à la fin du dernier règne, et, à vrai dire, c'est la révolution de février qui s'est chargée d'éditer ses œuvres et de lui recruter des lecteurs. Donc, jusqu'à la révolution, le socialisme n'affecta que vaguement la forme philosophique. C'était, dans ses diverses nuances, un pêle-mêle de matérialisme industriel, de mysticité républicaine, d'économie politique sentimentale et de religiosité sensuelle. Par ses tendances seules, il présentait la conclusion pratique et dernière de la philosophie du XVIIIe siècle. Qu'il s'appelât en effet réhabilitation de la chair, ou harmonie passionnelle, ou organisation du travail, il recherchait la réalisation du bonheur sur la terre en l'appuyant sur le bien-être matériel. Toutes les sectes, à peine distinguées par des différences de rhétorique, pouvaient prendre pour devise cette phrase de Maupertuis, franchement, arborée par M. Villegardelle : « Il est un principe plus universel encore que ce qu'on appelle lumière naturelle, plus uniforme encore pour tous les hommes, aussi présent au plus stupide qu'au plus subtil : c'est le *désir d'être heureux.* Sera-ce un paradoxe de dire que c'est de ce principe que nous devons tirer les règles de conduite que nous de-

Eugène Forcade

vons observer ? C'est une erreur, c'est un fanatisme de croire que les moyens doivent être opposés ou différents pour parvenir à un même but dans cette vie et dans une autre qui la suivra ; que, pour être éternellement heureux, il faille commencer par s'accabler de tristesse et d'amertume. C'est une impiété de penser que la Divinité nous ait détournés du vrai bonheur en nous offrant un bonheur qui lui était incompatible. Tout ce qu'il faut faire dans cette vie pour y trouver le plus grand bonheur dont notre nature soit capable, est sans doute cela même qui doit nous conduire au bonheur éternel. » Toute l'aspiration socialiste au point de vue moral et philosophique est là ; vainement les déclamateurs socialistes allaient-ils puiser d'hypocrites devises dans l'Évangile, il n'y avait qu'une chose manifeste et claire dans leur morale : c'était la négation radicale de la morale chrétienne. Pourtant tout cela était si confus, si vain, si déclamatoire, si peu scientifique, que la vraie philosophie ne croyait pas que cela valût la peine d'un débat grave, et que le socialisme ne lui paraissait guère justiciable que de l'économie politique.

Mais, aujourd'hui, ce qui n'était qu'une tendance pour ainsi dire instinctive avant la révolution a reçu toute la précision et tout l'enchaînement d'une analyse philosophique. La démocratie socialiste a maintenant sa métaphysique ; elle en a même deux : M. Proudhon lui avait donné celle autour de laquelle il s'est fait tant de bruit depuis février ; M. de Lamennais vient de lui en fournir une seconde en publiant le livre : *De la Société première et de ses lois, ou de la Religion*. La démocratie socialiste est désormais une conception philosophique rigoureuse et réelle ; elle ne se fait plus avec des lambeaux de christianisme un vêtement de sacrilège mascarade. Par l'organe de deux hommes en qui se personnifient ses deux tendances les plus diverses, elle répudie avec éclat le dogme chrétien, en proclame la fin et prétend s'emparer de son héritage. Elle saisit l'homme tout entier et se charge de lui révéler les véritables lois de son être, de répondre à tous les besoins, à tous les désirs, à tous les développements de sa nature, en un mot, de résoudre tous les problèmes de sa destination. Jamais tentative philosophique ne se présenta en des circonstances plus solennelles et plus menaçantes ; jamais occasion plus facile ne s'offrit à aucun système métaphysique d'établir son ascendant sur les sociétés, car celui-ci a pour complices la souffrance qui pleure au cœur des masses, l'illusion qui les enivre, la passion révolutionnaire qui les emporte. A vos postes donc, et unissez une fois vos armes de combat, gardiens de la société chrétienne et de la société civile, voilà l'ennemi ! Tandis qu'il s'avançait dans l'ombre, tandis que la conspiration philosophique et politique la plus gigantesque qui se soit vue depuis des siècles s'ourdissait à nos pieds sous les catacombes, — rappelons-le à notre confusion, — nous, comme des Grecs bavards, nous bataillions de la langue et de la plume pour la philosophie de salon qui disserte, sous les palmes vertes, sur un fauteuil d'académie, ou pour la philosophie de baccalauréat infligée comme un pensum aux collégiens de seize ans !

Du reste, sans la malfaisante influence que lui prête le malheur des temps, malgré l'arrogance de ses critiques et la superbe de ses conclusions, la philosophie de la démocratie socialiste ne résisterait pas plus que son économie politique à la raison libre et désintéressée. J'en commence l'épreuve par le système de M. de Lamennais.

Ne vous semble-t-il point que personne, en ce siècle, ne devait mieux sentir ce que l'ame humaine exige des systèmes religieux et philosophiques que l'auteur orageux de l'*Essai sur l'Indifférence*, car est-il quelqu'un qui ait plus connu que lui les inquiétudes de la raison poursuivant la vérité fuyante ? L'homme est sur la terre et cherche cette satisfaction des lois de sa nature que nous appelons le bonheur. Vous qui croyez avoir trouvé le but où tend l'aspiration de l'homme, vous n'aurez justifié votre prétention que lorsque vous aurez répondu à ces interrogations qui pressent sans trêve l'esprit humain : — Qu'est-ce que l'homme ? d'où vient-il ? Qu'est-ce que la création ? Qu'est-ce que Dieu ? Quelle est la destinée de l'homme sur la terre et au-delà de la mort ? Qu'appelle-t-on bien et mal ? Quelle est cette liberté, ce pouvoir qui est en l'homme de faire le bien ou le mal ? Quelle est la sanction morale des actes humains, etc. ? — Questions inhérentes à la nature humaine, qui circulent en elle avec la vie, que rien n'en peut arracher, qui rejaillissent à travers le doute et la croyance, — comme les entrailles renaissantes de Prométhée, — auxquelles il vous faut apporter des solutions complètes, décisives, animées surtout de cette force intime qui commande la conviction et détermine les actes, sous peine de voir vos conceptions répudiées comme arbitraires, illégitimes et fausses. Certes, la pensée seule d'entreprendre une tâche semblable était déjà, chez M. de Lamennais, la preuve qu'il en comprenait toute l'étendue, tout le poids, toutes les obligations impérieuses.

M. de Lamennais le comprend apparemment si bien, il se fait de cette tâche une si vaste idée, que les religions et la plus parfaite de toutes, le christianisme, ne lui paraissent plus donner aux questions soulevées par la destination de l'homme que des réponses insuffisantes, indignes de notre raison, fatales même à notre morale. Les religions ont, en effet, à ses yeux, le tort de se fonder sur un ordre surnaturel qui ne peut tomber sous les conditions de la connaissance rationnelle et qui n'est accessible qu'à la foi. M. de Lamennais demande plus que cela, il veut que les lois de l'homme et de la société première, même dans leurs rapports à Dieu et à la création, se dévoilent à la raison avec la clarté souveraine de l'évidence. Il faut citer les termes dans lesquels M. de Lamennais rejette la révélation et exprime ses exigences, et par là même les engagements qu'il prend pour son compte : « Aucune erreur, dit-il, n'a jeté de perturbation plus générale et plus profonde dans les idées humaines, ni, par une conséquence nécessaire, dans les relations des hommes entre eux, dans la société tout entière, que celle de l'existence d'un ordre surnaturel, dont les lois ne sont ni les lois internes de Dieu, ni les lois propres de l'univers, mais des volontés de l'Être absolu, lesquelles, n'ayant de raison qu'elles-mêmes, ne peuvent en ce sens être conçues que comme arbitraires... Le système qu'on vient de discuter devait se produire aux époques premières, et il devait aussi, se modifiant selon le progrès de la connaissance, s'évanouir enfin devant la lumière qui, peu à peu, dissipe les ombres où s'égare l'esprit. Il appartient originairement à l'âge poétique du genre humain, à cet âge où l'imagination, avide du merveilleux, s'efforce de résoudre le grand problème de l'homme et de ses destinées, non par les lois universelles des êtres, lois ignorées encore et que le temps seul révèle, mais par l'intervention permanente, immédiate de la cause infinie, dont ces lois ignorées sont le mode nécessaire d'action. Toutes les idées étant confondues, tantôt Dieu, devenu homme, agit selon les pensées et les passions humaines ; tantôt l'homme, devenu Dieu, revêt ses attributs, exerce sa puissance : d'où, en dehors de toute loi, en dehors des lois naturelles de

Dieu, en dehors des lois naturelles de l'homme, en dehors de tout ce qui est et peut être, ce fantôme vide qu'on nomme ordre surnaturel. Laissons ces vaines rêveries, fables surannées des peuples enfants, et cherchons, avec le secours de la *raison virile* et de la *science certaine*, les véritables bases de la législation spirituelle. » Qu'ont donc appris à M. de Lamennais la raison virile et la science certaine ? Quelles sont ces lois internes de Dieu, ces lois universelles des êtres aujourd'hui « révélées par le temps, » suivant lesquelles la société et l'homme peuvent désormais se développer avec la pleine connaissance de leurs destinées ? Nous l'allons voir. Je résume, avec la fidélité la plus rigoureuse et en reproduisant les expressions mêmes de l'auteur, le livre *de la Société première*.

Qu'est-ce d'abord que l'homme d'après M. de Lamennais ? Le caractère de l'homme, être intelligent, est de se connaître, parce qu'il connaît Dieu. L'intelligence naît d'une affirmation, du premier jugement par lequel la pensée de l'homme affirme l'existence du monde extérieur et la sienne propre ; mais ce jugement implique l'affirmation de l'être absolu, infini, par conséquent de Dieu. Au moment où l'intelligence s'ouvre, elle découvre l'être absolu par une vision immédiate, et elle le proclame par un acquiescement spontané et un acte de foi nécessaire. Telle est la condition primitive de la connaissance, « et, comme l'objet de la connaissance des êtres intelligents est infini, qu'en pénétrant en Dieu par la vision de l'esprit, ils y découvrent successivement tout ce que renferme l'être absolu, inépuisable, source des réalités contingentes, leur première loi est celle d'un progrès éternel dans le vrai et dans le bien. » De cette condition de la connaissance procèdent, en même temps que la loi du progrès, la liberté de l'homme et l'origine du mal dans l'humanité. « Les êtres intelligents étant en relation immédiate avec le fini et l'infini, avec deux termes incommensurables, qui leur fournissent respectivement des motifs d'action souvent opposés, sont libres par cela même,… d'une liberté relative,… d'autant plus grande que leurs facultés supérieures ont atteint un plus haut degré de développement. Ils connaissent leurs lois et doivent les connaître toujours mieux. En cela surtout consiste le progrès, et cette connaissance, qui fonde leur liberté, fonde aussi le pouvoir redoutable dont ils sont investis de violer l'ordre, ou d'introduire dans l'univers le mal qui ne pourrait s'y produire autrement. Ainsi, chose étrange au premier aspect, le mal, en tant que possible, dérive de la perfection même incomparablement plus grande des êtres intelligents et libres, il est pour eux la condition du bien, selon le mode où ils y participent et sont destinés à l'accomplir. » Enfin, la loi du progrès ne peut s'accomplir pour l'homme qu'au sein de la société, laquelle, « sous sa notion la plus générale, représente parmi les êtres multiples et divers le principe qui, suivant les lois de leurs natures respectives, les unit entre eux, de sorte que de proche en proche ils soient tous ramenés à l'unité universelle. » - « Le caractère le plus marqué de la nature qui distingue exclusivement l'homme est le progrès, un progrès continuel, indéfini, et tout progrès se résume en un *progrès social*, et aucun progrès n'est possible que dans la société, par l'excitation mutuelle des esprits, la diversité des fonctions dans le travail commun, la succession constante des efforts, la transmission de leurs résultats, qui crée, pour chaque génération, un point de départ plus avancé. *L'homme seul* n'est donc *qu'un fragment d'être ; l'être véritable est l'être collectif, l'humanité,* qui ne meurt point, qui, dans son unité, se développe sans cesse, recevant de chacun de ses membres le produit de son activité propre, et lui communiquant, selon la mesure où il y peut participer, le produit de l'activité de tous : corps dont la croissance n'a point de terme assignable, qui, suivant les lois immuables de sa conservation et de son évolution, distribue la vie aux *organes* divers qui perpétuellement le renouvellent en se renouvelant eux-mêmes perpétuellement. »

Je continue à exposer, je ne discute point encore : je me résigne pour le moment à n'être qu'un *fragment d'être*, à ne me regarder que comme un *organe* du seul *être véritable*, l'humanité. Je vis cependant ; entraîné sur la pente du temps, je sais que je suis né et que je mourrai. Je suis né ; pourquoi ? que signifient mon existence et la création dans les desseins de Dieu ? Je mourrai : que deviendra le fragment d'être qui m'a été départi ? où va l'être véritable, cette humanité dont je suis un organe ? Je vis, c'est-à-dire que, glissant entre deux abîmes d'obscurité, la naissance et la mort, je fais usage de cette faculté active, de ce pouvoir d'accomplir le bien ou le mal que vous appelez liberté ; mais, si aucun rayon ne déchire à mes yeux les ténèbres d'où je sortis et où je vais rentrer, à quelle lumière marchera ma liberté chancelante ? que sera le bien ou le mal devant la fougue ou le caprice de mes penchants ? A ces questions, voici les réponses de M. de Lamennais.

Pourquoi la création ? D'où vient l'univers, et, dans l'univers, l'être intelligent qui en est le regard et l'âme ? « Tout être dérive de l'Être infini et y est contenu... L'univers n'est donc substantiellement que la substance infinie même, affectée d'une limitation qui lui donne, au dehors de l'Être essentiellement un, un autre mode d'existence. » Trouvez-vous l'explication assez claire ? Fallait-il répudier comme une erreur profonde et comme des enfantillages indignes de la raison, virile ces mystères révélés que Bossuet appelait « les saintes obscurités le la foi, » pour nous faire entendre, au nom de la *science certaine*, cet indéchiffrable langage ? M. de Lamennais croit à la création, il croit que l'univers a eu un commencement ; avant ce commencement, la substance infinie et l'être essentiellement un, hors desquels il n'y a rien et ne peut rien y avoir, sont un seul et même être, une seule et même substance. Et voilà que M. de Lamennais détache une portion de la substance infinie et la pose *au dehors* de cette même substance pour lui donner un *autre mode* d'existence, et sa logique admet sans objection cette conception contradictoire, et il trouve que cette hypothèse ne sort point de l'ordre naturel ; et, remarquez-le bien, en faisant de tous les êtres finis, de l'homme, de l'univers, d'*autres modes* d'existence de la substance infinie, ce qui est le spinosisme pur, il se flatte d'avoir détruit à jamais le panthéisme ! Ce n'est point encore assez de contradictions ; si l'univers est une limitation de la substance infinie, contenue en elle par conséquent, l'univers a toujours existé en Dieu, « sans quoi, d'une part, la durée de l'Être infini ne serait pas une, et d'une autre part, renfermant quelque chose qu'il n'aurait pas renfermé toujours, il ne serait pas infini. Mais l'univers, tel qu'on est obligé de concevoir qu'il a toujours existé dans l'Être infini, n'y a pu être que sous la condition d'unité absolue qui est de son essence, conséquemment encore sous la condition d'une existence purement idéale, compatible avec la distinction typique des choses, *exclusive de toute division, de toute séparation réelle ou physique*. Or, cette dernière forme d'existence, caractérisée par la division, la séparation réelle ou physique des choses, est à la fois pour l'homme *un fait indémontrable et invinciblement admis* ; et comme, à l'égard de l'esprit, *il n'implique aucune nécessité*, on est contraint d'en chercher la raison là où seulement on la peut trouver, dans une *volonté libre de Dieu*, dont l'action, quelle qu'elle soit, pour opérer ce passage de l'existence purement idéale de l'univers en lui à l'existence réelle ou physique de ce même univers hors de lui, est proprement ce qu'on a nommé création. » Ce qui signifie que la création est un *acte arbitraire* de Dieu, un fait de *l'ordre surnaturel*, auxquels ne peuvent s'appliquer les lois naturelles de la raison. Voilà ce que m'enseigne sur ma venue au monde ce philosophe qui m'a interdit de croire aux révélations religieuses, « dont les lois, disait-il avec un présomptueux dédain, ne sont ni les lois internes de Dieu, ni les lois propres de l'univers, identiques à celles de la raison, mais des volontés de l'Être absolu, lesquelles, n'ayant de raison qu'elles-mêmes, ne peuvent, en ce sens, être conçues que comme arbitraires. » Cahoté de contradiction en contradiction, il me rejette, après y avoir éteint la foi, dans les ténèbres du mystère.

Mais où va l'humanité ? quelle est sa fin ? Qu'est-ce que la mort pour l'homme ? Ici encore, M. de Lamennais commence par récuser l'ordre surnaturel et par conséquent la révélation chrétienne : « Soit qu'on regarde, dit-il, aux conséquences qu'a, par rapport au vrai, l'hypothèse d'un ordre surnaturel, soit que l'on considère celles qu'elle entraîne à l'égard du bien ou de la *vie sociale et morale*, on est également contraint de la rejeter comme *une des plus pernicieuses erreurs qui aient pu jamais s'introduire dans le monde, dont elle a été le fléau.* » La négation ne pouvait être plus méprisante et plus hautaine ; elle s'attaque surtout à la destinée que l'ordre surnaturel assigne à l'homme par la croyance à une autre vie, où toutes les religions placent la récompense de la vie actuelle et fondent le point d'appui et la sanction de leurs lois. M. de Lamennais refuse à l'homme une autre fin dans une existence ultérieure que celle qui lui paraît assignée par les lois de la nature dans la vie présente. « La fin de l'homme, dit-il, à toutes les phases de son développement éternel, qu'est-ce sinon la fin de la nature humaine, puisque l'homme n'est lui-même que cette nature réalisée au sein de l'univers, ou incarnée dans des organes individuellement distincts, indéfiniment multiples ? Toute autre fin est donc, non-seulement chimérique, mais contradictoire. » Or, d'après M. de Lamennais, la fin de la nature humaine est la même que celle de l'univers ; c'est Dieu, dont l'univers est la reproduction éternelle sous la condition du fini. « L'homme tend à sa fin, comme toute la création, *en vertu de ses lois naturelles* ; il s'en rapproche ou s'approche de Dieu, suivant *la perfection de son obéissance à ces mêmes lois,* qui sont les lois de sa vie, les lois de sa conservation et de son développement. Mais le terme où il tend, il ne l'atteindra jamais, parce qu'il ne sera jamais l'être infini. L'homme meurt pourtant, meurt-il tout entier ? Quelle est sa destinée au-delà de la mort ? Ici, le contempteur de l'ordre surnaturel est de nouveau forcé de faire appel à la foi : « Il n'est point, dit-il, de foi plus universelle, plus profonde, plus indestructible que celle à la persistance ininterrompue de l'être, à la perpétuité de la vie. Cette foi spontanée, *antérieure à tout raisonnement,* à tout système conçu par l'esprit, repose sur un *pressentiment* qui est dans l'homme la voix de la nature même. » Ainsi, pour gage de l'immortalité de l'âme, M. de Lamennais nous donne un pressentiment ; puis, pour toute lumière sur cette existence future, il présente une induction poétique. « Le progrès possible à l'individu sous sa forme organique actuelle étant accompli, il rend à la masse élémentaire cet organisme usé, et mourir c'est naître. » Enfin, se figurant la nature humaine à travers la série éternelle de ses existences successives, « l'homme, dit M. de Lamennais, aspire à Dieu par une nécessité intrinsèque de son être, et, en aspirant à Dieu, il aspire au bien infini, dont la pleine possession serait cette béatitude parfaite, absolue, toujours par lui si vainement cherchée, car il n'est capable de rien d'infini ; il peut, il doit de plus en plus pénétrer dans le bien, mais jamais il ne le possédera complètement. » S'élevant donc contre les religions qui promettent le bonheur à l'homme dans une vie future, M. de Lamennais s'écrie : « Renonçant à cette vaine fiction de bonheur terrestre, on l'a transportée en une autre vie, où cette dernière fin de l'homme doit, dit-on, être atteinte ; mais là encore, pour peu qu'elle y regarde sérieusement, la raison retrouve l'impossible. En déplaçant le problème, on ne l'a pas résolu, car il renferme une contradiction radicale, la contradiction inhérente à l'hypothèse d'une nature finie possédant un bien infini, l'embrassant, se l'assimilant, selon tout ce qu'il est. Éternellement l'homme y aspire, éternellement il fuit devant lui. Une impulsion native, invincible, le contraint de poursuivre sans cesse ce que jamais il n'atteindra. » Ainsi, sur la fin de l'homme, sur la mort, sur la vie future, la *science certaine* de M. de Lamennais

Eugène Forcade

nous apporte un pressentiment d'immortalité de l'âme, et sa *raison virile*, qui a pénétré les lois internes de Dieu et les lois naturelles de la création, nous promet, par analogie, une suite d'existences semblables à la vie actuelle, qui en seront seulement la continuation progressive, à peine préférables à celle-ci, puisque, comme elle, elles seront séparées, par l'infini, du bonheur final dont les religions nous offrent la perspective lumineuse.

Mystère et hypothèse, avec des conceptions pareilles dont M. de Lamennais récuse si fièrement l'autorité lorsqu'elles viennent de la religion, quelle prise peut-il avoir sur les intelligences, quelle impulsion décisive et pratique peut-il donner à la liberté et à l'activité humaine ? Sa science n'est pas moins incertaine en effet, ni sa raison plus virile, lorsqu'il arrive à la distinction du bien et du mal. On a vu la loi que M. de Lamennais assigne à l'univers et à l'homme : ils doivent pénétrer par une ascension continuelle dans l'Être infini. Chaque être fini « est associé à l'action de Dieu, à l'éternel travail par lequel Dieu se *réalise sous les conditions de la limite* et conséquemment d'une évolution sans fin. Ils sont à la fois dans leur ensemble la production de ce travail divin et les moyens, les instruments par lesquels il s'opère. Créés et créateurs dans la sphère des fonctions qui détermine leur nature respective, ils ne sauraient remplir ces fonctions, coopérer à l'œuvre de Dieu, qu'autant qu'ils sont unis à lui, un avec lui. » C'est d'après cette loi que le bien et le mal se déterminent. Les êtres finis sont soumis à deux lois : « la loi d'unité, qui les relie à Dieu, source de leur être ; la loi d'individualité, qui est la condition de leur être hors de Dieu... Pour les êtres finis, la société implique deux éléments opposés, deux lois contraires harmoniquement liées. L'un de ces éléments, l'unité infinie, est le bien pur, puisqu'il est de Dieu ; l'autre, l'individualité finie, considérée exclusivement en soi, est le mal pur, puisqu'il imprime à l'être un mouvement qui l'éloigne de Dieu ou du principe de l'être. » M. de Lamennais répugne, comme on voit, à ces religions « où, suivant ses expressions, de sombres théories sur le mal et l'origine du mal ont persuadé aux hommes qu'ils naissaient coupables ou souillés. » Aussi insiste-t-il à chaque instant sur sa définition atténuative du mal. « L'individualité finie a sa raison dans la limite qui circonscrit l'être et le concentre en soi ; sans la limite, elle redeviendrait l'unité infinie elle-même. Or, la limite essentiellement et purement négative n'est en ce sens qu'une négation de l'être, *seule manière possible* de concevoir radicalement *ce qu'on appelle* le mal. » De là il n'a pas de peine à conclure que le mal étant par son essence purement individuel, ses effets dans l'ordre moral comme dans l'ordre physique sont renfermés dans des bornes très étroites. Des mêmes prémisses le logicien le moins subtil ferait aisément sortir l'indifférence complète du bien et du mal. Suivez en effet l'enchaînement de ce système : le mal, c'est l'individualité, c'est-à-dire la limite de l'être, c'est-à-dire la condition de la création, puisque la création, comme on l'a vu, c'est la limitation de la substance infinie, c'est-à-dire encore la loi de la réalisation de Dieu dans l'univers, puisque, comme il a été dit ci-dessus, Dieu se réalise sans la condition de la limite ; c'est-à-dire, enfin, pour résumer cette vaste équation, le mal c'est le bien. Arrêtons-nous ici. Il serait inutile d'aller plus loin dans l'examen du système de M. de Lamennais ; nous en savons assez pour mesurer l'impuissance ou plutôt la funeste portée de ses conclusions morales. Que M. de Lamennais expose maintenant avec un mysticisme minutieux et une aride prolixité ce qu'il appelle les lois internes de Dieu et les lois naturelles de l'univers ; qu'il s'efforce de calquer sur ces lois, œuvre de sa raison, les lois fondamentales d'une religion soi-disant naturelle ; qu'il oppose le devoir au droit ; qu'il prescrive à l'homme le sacrifice de son individualité, qui confine au mal et qui correspond au droit, à la société humaine, qui converge au bien et que cimente le devoir ; qu'il nous montre le prix du devoir accompli dans le progrès éternel et infini de l'humanité ou la peine de la loi violée dans une déchéance passagère durant la série sans limite des métempsycoses individuelles ; qu'il nous invite à aimer Dieu, ou, pour parler son langage, à nous plonger toujours plus avant, par notre obéissance aux lois de l'humanité, dans la substance infinie de l'être : toute cette métaphysique arbitraire s'envole au vent comme un fil cassé dont les bouts flottants ne tiennent à rien.

Car, sans compter que la philosophie de M. de Lamennais se détruit, comme on l'a vu, elle-même, sans qu'il vaille la peine de l'attaquer en règle et d'en renverser les prémisses posées par un dogmatisme que la science ne tolère plus depuis Kant, ce système ne peut produire une morale ; disons mieux, sa morale est l'assemblage des erreurs où tombent les écoles les plus contraires. Elle réunit l'indifférence du déiste, le quiétisme vaporeux du mystique, l'optimisme complaisant du panthéiste, l'inertie désespérée du fataliste, conclusions qui, directement ou indirectement, attachent l'homme à la terre et conspirent au triomphe du sensualisme. En effet, Dieu et l'aspiration vers Dieu, voilà toute la philosophie de M. de Lamennais, la connaissance de Dieu subordonnée aux lois de la nature et de la raison, l'assimilation de Dieu opérée par l'obéissance et le sacrifice de l'homme aux lois de l'humanité découvertes et sanctionnées par l'intelligence d la volonté du plus grand nombre. Or, un Dieu qui n'est accessible qu'à notre raison ne peut être pour nous qu'une chose abstraite, sans influence possible sur nos facultés affectives et actives, parlant aussi peu à nos cœurs que la figure d'un triangle équilatéral, aussi incapable d'inspirer l'amour que l'anatomie d'un squelette de réveiller l'épanouissement radieux de la beauté, ou la décomposition des couleurs dans la chambre obscure de suppléer à la blonde lumière du soleil. A quel titre M. de Lamennais m'impose-t-il la reconnaissance comme un devoir envers ce Dieu dont je suis moi-même une partie, une réalisation fragmentaire ? Que m'importe un Dieu dont vous me déclarez que je serai toujours séparé par l'infini et par l'éternité ? Pourquoi garderai-je devant ma pensée cette image qui, m'attirant et me fuyant sans trêve, ne doit être pour moi qu'une tromperie éternelle ? Vous me promettez le progrès, mais vous le définissez tel que les mythologies dépeignent les supplices infernaux ; votre progrès est une faim sans apaisement, une soif jamais assouvie. Laissez-moi donc retourner toutes mes aspirations sur la vie terrestre ; laissez-moi poursuivre, suivant les impulsions de ma nature, tout ce que je pourrai saisir dans la fuite de mon existence de bonheur ou d'ombre de bonheur ; et, si vos hypothèses doivent se réaliser au-delà de la mort, laissez-moi encore marcher avec sécurité vers mes destinées futures, sur la foi de la devise que Maupertuis a léguée aux socialistes : « Tout ce qu'il faut faire dans cette vie pour y trouver le plus grand bonheur dont notre nature soit capable est, sans doute, cela même qui doit nous conduire au bonheur éternel. »

Telle est la conséquence pratique à laquelle je défie le système de *La société première* de se soustraire. Que reste-t-il donc à M. de Lamennais ? L'homme dans l'humanité ; l'individu et la société :

l'homme auquel il impose le sacrifice de sa raison à l'instinct des masses, de son intérêt à la volonté des masses ; masses, ou peuple assemblé, à qui il attribue « le sentiment du bien, du juste dans sa pleine spontanéité et son souverain empire ; foule émue d'où s'élève le grand, le vrai, l'éternel cri de l'âme humaine. » Mais affirmer l'infaillibilité de l'instinct des masses, exiger de l'homme le sacrifice de son individualité aux masses lorsque ce n'est plus au nom et sous la sanction efficace et persuasive d'une autorité religieuse, c'est livrer la vérité en proie aux caprices de la force et la liberté à la plus écrasante tyrannie. Cela peut satisfaire la prétention de la démocratie socialiste, mais c'est précipiter l'homme au dernier degré de l'avilissement, et, après lui avoir ravi ses immortelles espérances, c'est le river à l'esclavage au sein d'un chaos tempétueux.

Chose triste et digne de remarque ! on dirait que M. de Lamennais, malgré l'emphase de ses promesses, a plusieurs fois senti lui-même la fragilité de son édifice à mesure qu'il le construisait. Ainsi, ce penseur si convaincu que la société ne peut vivre dans l'ignorance de ses lois premières, ce philosophe indocile qui dénie le secret de ces lois aux religions révélées, laisse échapper l'aveu « qu'il n'attribue pas à ses idées à l'égard du dogme plus d'autorité que n'en peuvent avoir de *simples convictions personnelles* fondées sur des séries convergentes de preuves, mais dont néanmoins la valeur ne cesse pas de demeurer *incertaines* jusqu'à ce qu'elles aient été vérifiées suffisamment. » Ailleurs encore il déclare que « nul aujourd'hui ne peut que soumettre au jugement de la *raison commune*, ce qui lui semble vrai ; car nous vivons en l'un de ces temps où, les vieux systèmes tombant partout en ruine, aucune doctrine ne les a remplacés encore, n'est encore admise par les esprits qu'inquiète et tourmente le vide qu'en s'en allant ont laissé en eux les croyances sur lesquelles reposaient et la paix des âmes satisfaites dans un de leurs plus impérieux besoins, et l'ordre entier moral et social. » Eh bien ! le même homme, qui connaît le vide funeste que laissent les croyances, repos des âmes, sanction de la morale, base des sociétés ; celui-là même qu'on vient de voir si peu assuré de la vérité des idées qu'il propose pour remplir la place des croyances, ose encore, vers la fin de son livre, porter aux religions ce défi emporté : « En s'opposant au libre usage de la raison, en soumettant les peuples à une puissance au-dessus de tout contrôle, en les réduisant à l'aveugle obéissance des brutes, les révélations ont produit des maux effroyables. Maître et en quelque sorte propriétaire de l'humanité, le prêtre serait devenu sur la terre le Dieu qu'il représentait, s'il n'avait rencontré dans l'humanité même et ses lois éternelles un obstacle heureusement invincible. Cet obstacle grandissant toujours, à mesure que croissaient les lumières, on s'est toujours aussi rapproché de l'ordre véritable, et l'on y entrera tout-à-fait quand la religion mieux conçue cessera, comme le sacerdoce, d'être aux yeux des hommes une institution surnaturelle originairement, et quand elle ne sera pour eux que ce qu'elle est en réalité, la plus haute expression de leur nature même et la suprême législation. » Et celui qui proclame ainsi d'une voix si haineuse et si téméraire la fin des religions est le philosophe dont nous entendions tout à l'heure le balbutiement confus, contradictoire, inintelligible ! Celui qui a écrit ces lignes s'appelle Lamennais ! et lui-même il a écrit autrefois cette phrase : « Oui, quiconque ayant cru cesse de croire cède à un intérêt d'orgueil ou de volupté, et, sur ce point, j'en appelle sans crainte à la conscience de tous les incrédules.[1] » Qu'ajouter à la douloureuse éloquence d'un pareil rapprochement ? M. de Lamennais pense donc que le christianisme « réduit les hommes à l'aveugle obéissance des brutes. » Je ne répondrai pas moi-même ; mais Bossuet a répondu pour toujours à « ce superbe qui croit s'élever au-dessus de tout et au-dessus de lui-même, quand il s'élève au-dessus de la religion qu'il a si longtemps révérée. » Écoutez cette raison majestueuse et souveraine : « C'est contre cette autorité que les libertins se révoltent avec un air de mépris ; mais qu'ont-ils vu, ces rares génies, qu'ont-ils vu plus que les autres ? Quelle ignorance est la leur ! et qu'il serait aisé de les confondre, si, faibles et présomptueux, ils ne craignaient d'être instruits ! car pensent-ils avoir mieux vu les difficultés à cause qu'ils y succombent, et que les autres qui les ont vues les ont méprisées ? Ils n'ont rien vu, ils n'entendent rien… Leur raison qu'ils prennent pour guide ne présente à leur esprit que des conjectures et des embarras ; les absurdités où ils tombent en niant la religion deviennent plus insoutenables que les vérités dont la hauteur les étonne, et, pour ne vouloir pas croire des mystères incompréhensibles, ils suivent l'une après l'autre d'incompréhensibles erreurs. » Trouvez-vous que la parole chrétienne ait vieilli dans la bouche de

1 *Essai sur l'Indifférence*, t. I, p. 251.

I. LA PHILOSOPHIE REVOLUTIONNAIRE ET SOCIALE.

Bossuet ? Vous qui avez suivi les pénibles aberrations de l'auteur de *la Société première*, dites, après les insolents arrêts de mort portés contre le christianisme, de quel côté resplendit la vie immuable et triomphante !

Mais voici un ennemi à la fois plus brutal et plus logique, M. Proudhon. Celui-là entre en matière avec les gestes et les bravades d'un boxeur ; il y met encore moins de façons. Dans un de ses derniers pamphlets (*le Droit au travail et le Droit de propriété*), considérant le christianisme comme enterré, et tenant les clés du tombeau dans sa poche, il argumente sur la propriété d'après *l'exemple* du christianisme, et signifie sa fin à celle-là sur le billet de mort de celui-ci. Pour M. Proudhon, le fait a la certitude logique : c'est aussi nécessaire qu'une conclusion au bout d'un syllogisme ou qu'une synthèse juchée sur une antinomie. Notre homme dit du moins sa pensée avec franchise, pour parler poliment. Il ne veut pas, lui, fonder la société sur le sentimentalisme. Il part de l'individualité : chacun ne doit à la société que dans la proportion de ce qu'il reçoit d'elle ; le droit vient avant le devoir ; donnant donnant, voilà les conditions du marché que l'individu passe avec l'humanité ; on ne vous demande pas de sacrifice, on réclame son dû ; ce dû, c'est l'égalité complète entre les hommes dans les conditions matérielles de l'existence surtout ; quiconque a plus que moi me vole et m'assassine. Fraternité, chanson à lanterner les imbéciles ; c'est solidarité qu'il faut dire. Qu'on ne parle plus d'abnégation, de charité, de récompenses dans une autre vie ; vous avez affaire à un frère Jean qui ne donne pas la vie présente à crédit, qui la vend au comptant, à un Panurge qui mieux estime cul-de-jatte vivant qu'empereur mort ou saint en niche. Ce féroce goguenard a trouvé l'affaire de la pauvre humanité : il l'organisera en une vaste commandite, sous la raison sociale : Humanité, compagnie générale d'assurance et banque universelle d'échange. Dans cette belle machine, où s'accompliront sans repos, jusqu'à la fin des temps, la thèse, l'antithèse et la synthèse de l'échange, régnera le bien-être, sous le pontificat des teneurs de livres ; mais la sainteté, l'héroïsme et le génie sont exclus de ce paradis comme oisifs, parasites ou monopoleurs. — Dans ce cas, répliquez-vous galamment avec tous les gens de cœur et d'esprit, nous nous tiendrons à la porte. — Oui, et vous nous donnerez des nouvelles du christianisme et de la propriété !

Eugène Forcade

On a peur, au premier abord, de se prêter à une mystification en prenant au sérieux, non pas le talent, mais le système de M. Proudhon. Il y a chez lui des qualités d'esprit et des résultats d'étude si remarquables qu'on hésite à le croire dupe de la farce grossière qu'il joue. Il y a quatre hommes dans M. Proudhon : un écrivain, un logicien, un économiste et un révolutionnaire. Cet écrivain d'un si bon flair grammatical peut-il parfois se tromper à ce point sur le sens des mots ? Ce logicien si rompu aux ruses de la dialectique peut-il faire, sans s'en douter, de pareilles confusions d'idées ? Cet économiste si sagace dans l'analyse des systèmes et des lois de la science de la richesse peut-il commettre, sans s'en apercevoir, les balourdises d'un ignorant fieffé ? Ou bien ne faut-il voir dans les monstruosités qu'il débite que l'effronté calcul d'un spéculateur de famosité qui coupe la queue de son chien et mutile les statues des dieux avant d'être Alcibiade ? On se poserait ces questions, si M. Proudhon n'était pas révolutionnaire ; mais c'est la passion révolutionnaire qui l'emporte, c'est la passion révolutionnaire, c'est la fureur froide dont elle l'anime qui aveugle en lui l'économiste, le philosophe et l'écrivain. La science et le talent ne sont pour M. Proudhon que des moyens d'irriter les passions populaires, des trompettes de guerre et de destruction. M. Proudhon se prend donc aux embûches qu'il tend à l'ignorance des masses, et les qualités de son intelligence ne font que rendre ses bévues plus ridicules et plus honteuses.

Le premier succès de M. Proudhon fut de désorienter son monde par l'abus d'un système logique qu'on n'avait point vu encore appliquer chez nous aux discussions philosophiques et morales. L'étrangeté de cette dialectique, bien plus que sa rigueur apparente, le flegme cynique, la morgue pédante et narquoise avec laquelle M. Proudhon maniait cette machine inconnue, déroutèrent un moment ses premiers adversaires. Un écrivain très compétent et très spirituel nous a appris, dans ce recueil même, à quelle école étrangère M. Proudhon emprunta sa méthode. Le socialiste gaulois tenait cette discipline de Hegel et de ses héritiers les plus exagérés, il a eu tout simplement le mérite d'introduire chez nous, pour les idées, l'exercice à la prussienne. Ce n'est point de quoi je le blâme. Je blâme l'usage absurde qu'il a fait de cette méthode, l'employant à détourner le sens des mois et la génération naturelle des idées, et l'appliquant illégitimement à des matières qui échappent à la pesanteur de ses évolutions. Au reste, quand on a vu pendant quelque temps M. Proudhon se dandiner, comme une antithèse vivante, sur les deux échasses de l'antinomie, rien de plus facile que de donner le croc-en-jambe au Croquemitaine, et on éclate de rire en reconnaissant, sous la mine menaçante du monstre, les masques de comédie les plus bouffons. Le livre des *Contradictions économiques* est, par exemple, quelque chose de pantagruélique comme la délibération sur le mariage de Panurge, et de grotesque comme les réponses de Marphurius à Sganarelle. M. Proudhon a parfois, contre les économistes, des fureurs aussi doctes et aussi drôles que celles de Pancrace. Ces pauvres raisonneurs sont à chaque instant convaincus, les ignorants, ignorantissimes, ignorantifiants, ignorantifiés, d'ignorer Aristote et de commettre des syllogismes *in Balordo*. M. Proudhon, c'est une justice à lui rendre, a prouvé, lui, qu'il était de force à ajouter à la logique de Hegel un fameux chapitre sur les chapeaux !

M. Saint-René Taillandier a expliqué ici les artifices et les faiblesses de la logique de M. Proudhon ; il n'y a plus à y revenir. Je vais seulement signaler un exemple flagrant de la mauvaise foi ou de la maladresse avec laquelle M. Proudhon raisonne sur les matières les plus graves ; je le prends dans la publication populaire à laquelle je faisais allusion tout à l'heure, ce qui me fournira en même temps l'occasion de toucher à une des erreurs fondamentales de la philosophie de M. Proudhon. Il s'agit du jugement par lequel il annonce la fin du christianisme et son antagonisme avec la société moderne. Je cite, dans sa crudité blasphématoire, un des passages les plus saillants « *Nous* ne croyons plus à la présence réelle, à la procession du père et du fils, à l'éternité des peines, au jugement dernier ; nous nous moquons des miracles rapportés dans la légende évangélique aussi bien que de la grace efficace ; nous rompons, en toute sécurité de conscience, la loi du jeûne, et, quand a sonné pour nous la dernière heure, nous rendons paisiblement le dernier soupir sans prendre congé du prêtre. *Mais* le système de Copernic, de Galilée et de Newton s'enseigne dans toutes nos écoles, sans crainte de l'inquisition ; mais la philosophie de l'histoire et des langues n'a plus à redouter les censures de l'église ; mais le dogme de la souveraineté du peuple efface celui de l'infaillibilité du pape ; mais nous pouvons, socialistes, poser en face de l'égalité devant Dieu l'égalité devant le travail, et, à côté du droit divin de propriété, proclamer le droit humain de la solidarité sociale. *Que ceux qui parlent de restaurer parmi nous la religion et la foi nous disent à laquelle de toutes ces libertés ils en veulent.* »

Ce défi, envisagé au point de vue logique, abstraction faite de la forme interpellative, réunit trois propositions en un syllogisme. Seulement le syllogisme est renversé ; qu'on me permette, suivant un procédé employé souvent par M. Proudhon, de le rétablir dans la formule scholastique. Ce syllogisme s'énonce alors ainsi : *Majeure* : la foi et la liberté ne peuvent exister ensemble ; *mineure* : or, le système de Copernic est librement enseigné, etc. (placez ici la kyrielle des *mais* et des libertés dont nous jouissons) ; *conclusion* : donc, nous ne pouvons plus croire à la présence réelle, etc. (ici la litanie des choses auxquelles nous ne devons plus croire). Que dites-vous de cette façon de raisonner ? La foi et la liberté sont incompatibles ; or, la Sorbonne ne fait plus brûler par la main du bourreau les livres des philosophes ; donc, il n'est plus possible que l'on croie, en France, à la présence réelle. La souveraineté du peuple a remplacé le pouvoir absolu des rois ; donc, l'infaillibilité du pape n'existe plus pour les fidèles, donc encore, personne ne saurait plus jeûner. Nous n'avons pas besoin de cracher cent mots de pédant et de dire à M. Proudhon comment s'appellent en latin et en grec les fautes de ce syllogisme pour faire sauter aux yeux l'énormité de son raisonnement. La choquante absurdité de la conclusion résulte de l'illégitimité de la majeure : la religion et toutes les libertés sont incompatibles. On a ici un exemple sensible des tours que la dialectique antinomique joue à M. Proudhon ; toutes les fois que M. Proudhon rencontre une idée, il la prend au sens absolu et l'oppose à une idée contradictoire également prise au sens absolu. Il oublie le mot de Montaigne, qui semblait prévoir l'antinomie, lorsqu'il disait : « Les extrémités de notre perquisition tombent toutes en éblouissements. » Attribuant presque toujours à des notions concrètes, particulières, des propriétés mathématiques, il les fait se détruire l'une l'autre, comme se détruisent, en algèbre, les quantités positives et les quantités négatives. Ainsi, dans le cas présent, M. Proudhon annonçait la ruine du christianisme ; il avait besoin d'un terme contradictoire à l'idée de religion, et voici l'opération qui s'est faite dans son esprit. La religion, c'est l'autorité ; l'antagoniste de l'autorité, c'est la liberté ; donc, la religion est tuée dès que la liberté existe. Supposez que M. Proudhon eût voulu nous annoncer la mort de la poésie, qu'y a-t-il de plus contraire à la poésie que la mécanique ? Notre siècle s'immortalise par les plus puissantes inventions de machines, par les plus merveilleuses réalisations industrielles ; donc, il n'y a plus de poésie ; Fulton a inventé la machine à vapeur, donc Byron n'était pas poète ; l'Europe se couvre de chemins de fer, donc on ne comprend plus Goethe et Châteaubriand. Voilà des démonstrations certaines comme la géométrie, car vous saurez que notre Aristote en partie double a la prétention de n'admettre, en métaphysique et en morale, que les preuves arithmétiques, et que, comme don Juan, il résumerait volontiers en ces deux articles le symbole de sa foi : « Je crois que deux et deux sont quatre, Sganarelle, et que quatre et quatre sont huit. »

Tous ces pièges maladroits de grammairien scholastique seraient encore au-dessous du dédain d'un honnête homme, s'ils n'aboutissaient à l'impiété que le socialisme offre comme une amorce aux passions populaires. La liberté a tué le christianisme ; on a besoin de persuader ce mensonge au peuple, parce que le christianisme, plaçant au-dessus de cette vie la fin de l'homme, est l'antagoniste radical, invincible, éternel du socialisme. Mais, toutes les fois que M. Proudhon oppose les conquêtes de la liberté à la religion, il commet historiquement et philosophiquement deux méprises grossières. La religion, dans les sociétés humaines, s'est toujours trouvée mêlée plus ou moins aux institutions politiques, et il ne pouvait en être autrement, puisque la politique et la religion se partagent le même empire, qui est l'homme. Il est donc arrivé, dans la suite des siècles, que telles ou telles institutions purement politiques, passagèrement associées à la religion, en ont été détachées et ont disparu. Le plus grand progrès accompli à travers tant de maux depuis la réforme est précisément la séparation qui s'est opérée, dans l'organisation des sociétés modernes, entre le double domaine de la religion et de la politique. Ce partage, il faut le dire, s'est fait au nom et en vertu de la liberté, mais, tous les événements de ces trois siècles le proclament, dans l'intérêt de la liberté religieuse aussi bien que dans l'intérêt de la liberté politique. La religion s'était placée sous le protectorat despotique de César, ou s'était emparée elle-même des attributions temporelles de l'empire : aujourd'hui elle s'est progressivement dégagée d'une situation antipathique à sa vraie nature, où elle échangeait quelques-uns des plus tristes privilèges de la tyrannie matérielle contre des chaînes spirituelles qui étouffaient sa puissance propre ; aujourd'hui, les croyances religieuses et les opinions philosophiques ne subissent plus le joug du pouvoir temporel, et les opinions politiques ne relèvent plus du dogme religieux. La foi, revenue à la liberté immatérielle qui est son essence, ne s'adresse plus qu'à l'intimité des consciences, et n'invoque pour ses lois que la sanction morale qu'elle possède dans l'adhésion spontanée du croyant. Elle n'exerce sur les âmes aucune contrainte violente ; elle n'emprunte au pouvoir politique aucune de ses pénalités : la religion et l'état se partagent l'homme par une limite fatale, le tombeau ; et la foi n'atteint plus, par les récompenses ou les expiations, que l'homme renaissant à l'immortalité de l'autre côté du sépulcre. Dieu, enfin, a remis une seconde fois au fourreau le glaive de saint Pierre. Ceci explique pourquoi M. Proudhon peut nier la présence réelle sans craindre, Dieu merci ! le bûcher ; mais en quoi cela prouvera-t-il qu'il y ait incompatibilité historique entre la foi et la liberté, et que celle-là doive s'anéantir dans les sociétés où celle-ci prévaut ? La société s'est sécularisée, elle s'est faite exclusivement laïque, elle a proclamé dans ses institutions politiques, non certes, comme le disait autrefois M. de Lamennais, son athéisme, mais son incompétence. Politiquement donc, au lieu de tuer le christianisme, la liberté l'affranchit des liens terrestres et le ramène à la pureté de son origine et de sa fin.

L'incompatibilité prétendue entre la liberté et la foi est, au point de vue scientifique et philosophique, une erreur tout aussi triviale et non moins absurde. Le progrès de la civilisation moderne attesté par M. Proudhon témoigne irréfutablement contre elle. Il serait puéril aujourd'hui de montrer qu'entre les sciences physiques, les sciences d'induction et la foi, il n'y a pas seulement matière à hostilité. M. Proudhon en est si bien persuadé lui-même, que, voyant toutes les grandes découvertes scientifiques de notre temps aboutir, toujours de merveille en merveille, à de nouveaux mystères, il s'écriait, dans la préface des *Contradictions économiques*, que « l'univers est un laboratoire d'alchimie. » La science de ce siècle ne conclut plus au matérialisme ; la religion, de son côté, a aussi bien distingué son domaine de la sphère scientifique que des frontières de la politique. Dans leur première infatuation, il est vrai, les savants crurent que la foi et la poésie allaient s'évanouir devant leurs découvertes : les savants irréligieux annonçaient la fin du christianisme, les savants religieux traitaient la poésie, avec le grand Newton, de « vain non-sens ; » mais la conscience du genre humain répond toujours aux uns et aux autres, comme Shakspeare : « Il y a plus de choses au ciel et sur la terre que vous n'en rêvez dans votre science. »

There are more things in Heaven and Earth, Horatio,
Than are dreamt of in your philosophy.

L'antagonisme de la philosophie est plus réel, je l'avoue ; mais reste à savoir s'il est redoutable. Dans cette confusion qui trouble la Babel philosophique, sur cette spirale toujours croulante et qu'elle reconstruit sans cesse avec les ruines de ses propres systèmes, je ne comprends pas l'aveugle impertinence avec laquelle chaque idéologue nouveau vient annoncer, en s'affaissant sur lui-même, la fin des religions. La philosophie moderne a accompli, depuis le XVIe siècle, deux évolutions gigantesques : la première par l'initiative de Descartes, la seconde sous l'impulsion de Kant ; et deux fois, après d'admirables tours de force de logique et d'imagination, elle est revenue à son point de départ. « La philosophie, à sa dernière heure, écrivait M. Proudhon lui-même au début de ses *Contradictions économiques*, ne sait rien de plus qu'à sa naissance ; comme si elle n'eût paru dans le monde que pour vérifier le mot de Socrate, elle nous dit, en se couvrant solennellement de son drap mortuaire : Je sais que je ne sais rien. » Or, rappelons-nous la prétention de la philosophie contre la religion : elle se vantait de pouvoir éclairer et diriger l'homme sur les problèmes de sa destination, de lui dire ce qu'il est, d'où il vient, où il va ; de lui apprendre s'il y a un Dieu, s'il a une âme immortelle, si la création a un but, et quel est le sens de la vie. Si la philosophie avait apporté jamais à ces problèmes une solution fixe, concluante, rassurante, répandant et imposant la conviction par l'impérieux rayonnement de son évidence, la philosophie aurait détrôné la religion et pourrait prononcer la déchéance du christianisme ; mais, depuis qu'il y a des philosophes qui pensent, qui cherchent, qui nient, qui dogmatisent, en est-il un seul qui ait terrassé le doute et délivré Prométhée du rongeur éternel ? Descartes n'a point suffi à Spinoza, lequel n'a point entraîné Leibnitz, qui n'a pas convaincu Kant, lequel n'a point satisfait Fichte, qui n'a point contenté Schelling, au-delà duquel a marché Hegel, dépassé lui-même par *les humanistes* et par M. Proudhon. Le dernier mot de ceux-ci est-il acceptable à la conscience du genre humain ? C'est au contraire celui qui la révolte le plus et qu'elle repousse comme sa mort ; car, désespérant de résoudre le problème, ne découvrant, par la puissance d'une logique effrénée, que l'impuissance radicale de la raison, ils pensent faire disparaître la difficulté en la détruisant par une sorte de négation furieuse, comme si elle n'était qu'une création arbitraire de l'esprit humain. La philosophie avait commencé par un acte d'humilité dans la bouche de Socrate, elle finit par une imprécation dans la bouche des philosophes du jour. Comme elle n'a pu parvenir à prouver l'existence d'un Dieu personnel et distinct de l'univers : Dieu, c'est l'humanité, disent les jeunes hégéliens ; Dieu, c'est le mal, dit M. Proudhon ; il faut le chasser de notre conscience. C'est avec une conclusion qui fait frémir l'esprit humain et baffoue le sens commun que ces forcenés viennent nous annoncer la fin de la religion ! Ils ne voient pas que les avortements de la philosophie, et ils en sont au milieu de nous l'exemple le plus éclatant, apportent en tous les temps à la religion cette confirmation mathématique qu'on appelle la preuve par l'absurde.

Telle est pourtant l'extrémité où la philosophie socialiste et révolutionnaire est forcée d'arriver avant même de jeter les fondements de sa réalisation économique. Remontez en effet le cours de sa déduction pour triompher, il ne suffirait point qu'elle persuadât aux hommes que chacun peut trouver ici-bas la part de bonheur que notre nature comporte, et que la société peut et doit donner à tous l'égalité du bien-être ; il faut plus encore : il faut allumer dans les cœurs la soif de saisir sur-le-champ et par tous les moyens les jouissances qui leur sont promises. Pour cela, il faut concentrer sur la vie terrestre tous les appétits, toutes les aspirations et toutes les espérances ; il faut, par conséquent, nous enlever la pensée de Dieu et nous étourdir sur le souci de la vie future. Sans cela, le socialisme n'a point d'aiguillon assez fort et ne peut achever avec sécurité son entreprise. Comme philosophe, M. Proudhon est donc le plus conséquent des socialistes. Don Juan, a-t-il écrit quelque part, est aussi ancien que le monde. Quand le socialisme prophétise au peuple les jouissances matérielles sous l'invocation du blasphème, il me semble voir, en effet, don Juan tentateur faisant l'aumône au pauvre de la forêt : « Tu passes ta vie à prier Dieu, et tu meurs de faim !… Je m'en vais te donner un louis d'or tout-à-l'heure, pourvu que tu veuilles jurer. »

Mais, comme le crie la voix céleste dans le *Paradis* du Dante, « ô égarement des préoccupations humaines ! qu'ils sont faibles et défectueux ces raisonnements qui appesantissent le vol de l'âme sur les bassesses de la terre ! »

O insensata cura dei mortali :
Quanto son difettivi sillogismi
Quei che ti fanno in basso batter l'ale !

En vain, dans sa froide exaltation, M. Proudhon dit à l'humanité « Il faut que vous saisissiez les rênes du progrès, ces rênes qu'a tenues seules jusqu'ici l'incompréhensible Providence !… La Providence qui nous a conduits jusqu'à cette heure est incapable par elle-même de nous mener plus loin. A l'homme de prendre sur le char la place de Dieu !… » La conscience se soulève tout entière contre ce hideux cri de rage d'un orgueil aride dont les excès mêmes proclament l'impuissance. Pour fuir l'horreur de ces sinistres conséquences qui la remplissent de désolation, elle se réfugie dans la foi avec une confiance plus vivace. L'humanité est trop enveloppée de misères et de faiblesses pour s'enrôler dans cette insurrection de Titan. Des multitudes en démence pourront bien répondre un jour par le meurtre à l'impie férocité de provocations comme celles-ci : « Non ! par les flammes de Némésis, quand le peuple ne se venge pas, il n'y a plus de Providence. » Mais l'humanité ne peut croire à une doctrine désespérante, qui, irritant jusqu'à la fureur le sentiment de nos maux, nous emprisonnant sur la terre et nous interdisant de chercher les consolations et le repos plus haut et plus loin, déchaînerait sur cette vie tous nos désirs et toutes nos convoitises, nous mettrait les armes aux mains pour disputer à nos semblables la plus fugitive apparence du bien-être et du plaisir, transformerait ce monde en un radeau de naufragés s'entredévorant sur un océan noir et sans rivages, et ferait naître tous les crimes de la société

Eugène Forcade

même instituée pour les prévenir.

La foi se redresse donc victorieuse sous le choc de ce duel à outrance. La foi seule, aujourd'hui comme au temps de saint Augustin, comme au temps de Bossuet, explique aux hommes la signification de la vie. Avec elle renaît l'amour, et le sacrifice retrouve un aliment et une sanction. Tout prend un sens : la résignation qui l'accepte et la charité qui la soulage savent ce qu'est la souffrance. La vie présente s'élève et s'épure en se reflétant sur l'immortalité. L'homme, au lieu de pousser ces cris de désespoir que lui arrache le vide des satisfactions humaines quand il les a goûtées, bien plus douloureusement que leur mirage lorsqu'il les poursuit sans les atteindre, sait que la vie, suivant le mot de Bossuet, est l'apprentissage de la mort. La liberté est comprise, et en même temps la destination de l'individu et la marche providentielle de l'humanité. C'est la liberté qui périt sous les systèmes socialistes. Le socialisme s'occupe exclusivement de l'humanité. Il voit la forêt et n'aperçoit pas les arbres. Il organise la vie sociale et après il abandonne l'individu, sans songer que toutes les altérations du milieu qu'il traverse ne changent rien à la nature de l'homme personnel et libre ; qu'on n'a rien fait pour son bonheur et sa sécurité en augmentant les objets de ses désirs et le cercle de sa puissance ; que tout dépend enfin du choix de sa liberté et de la façon dont elle gouverne ses facultés agrandies. Il est faux, et il répugne au christianisme comme à notre nature, que les destinées de l'individu soient asservies aux destinées prétendues de cet être abstrait, impersonnel, idéal, qu'on appelle l'humanité. L'humanité, quelle est cette femme ? pourrait-on demander en répétant la question de M. de Maistre sur la nature. L'humanité, collection d'êtres individuels et libres, n'est pas la fin de ces êtres, elle n'est que le milieu où s'accomplit leur développement moral, le champ qu'ils traversent pour étendre et exercer leur liberté. Elle ne peut pas renfermer une loi supérieure à celle qui gouverne l'homme réel, l'individu. Le moyen ne peut être plus grand que le but. L'humanité, c'est-à-dire la marche des sociétés, c'est-à-dire encore le progrès dans toutes ses applications à la science, à la politique, à l'économie politique, à l'industrie, n'a donc qu'une loi : ce n'est pas la poursuite du bonheur, c'est l'augmentation indéfinie des forces soumises à la liberté humaine, c'est l'accroissement incessant de la liberté de chaque homme. Dieu l'a voulu ainsi, en assignant pour mission à l'homme sur la terre, d'un côté la conquête de la nature qui multiplie les moyens d'action de la liberté, et de l'autre la victoire de la liberté sur elle-même par son sacrifice volontaire au devoir. Nous savons donc où nous allons ; nous savons qu'en politique comme en économie politique, nous devons, d'un effort constant, travailler à délivrer tous les hommes de l'esclavage de misère physique et d'ignorance morale dont nous ne secouerons jamais sur la terre les dernières chaînes ; nous savons qu'il ne saurait y avoir de vérité en politique et en économie politique dans des systèmes qui feraient violence à la liberté humaine ; nous savons par conséquent que le socialisme, partant d'une imposture philosophique, doit aboutir fatalement à une absurdité économique.

II. L'ECONOMIE POLITIQUE REVOLUTIONNAIRE ET SOCIALE.

Les conclusions morales et religieuses du socialisme sont irrévocablement fixées. Il est prouvé qu'elles sont fondées sur un mensonge il n'y a pas d'autre destinée pour l'homme que sa destinée présente ; l'homme doit chercher et trouvera sur la terre la fin de sa nature et le bonheur. Il est prouvé, par la déclaration retentissante des adeptes les plus conséquents ou les plus impudents de la secte, que le socialisme est la négation la plus radicale et la plus hostile de la foi et de la morale chrétiennes, Il est prouvé que, pour souffler au cœur du peuple la flamme des guerres civiles et le convertir au devoir révolutionnaire de l'insurrection, le démon socialiste, l'enlevant au sommet des palais d'où il montre à son imagination hallucinée les richesses du monde, distille froidement dans son âme l'orgueil athée et les convoitises matérialistes. Mais, quand nous avons démasqué ainsi le leurre impie des promesses socialistes, ceux de cette secte croient triompher de nous en prenant le change sur nos intentions et nos doctrines. On n'a pu persuader à notre raison ni à notre cœur que le mal et la souffrance seraient jamais bannis de la terre par des constitutions politiques et des combinaisons industrielles ; donc, nous dit-on (lisez le livre de M. Vidal sur *la Répartition des richesses*), c'est vous qui voulez le mal et le perpétuez : vous faites Satan égal à Dieu ; vous êtes manichéens)

Eugène Forcade

Je m'étais figuré que, depuis le Martin de *Candide*, il n'y avait plus de manichéens dans le monde. Il y a vous, s'écrient les socialistes. Misérable façon de se débarrasser d'une difficulté philosophique insoluble ! Nous ne nous sommes jamais vantés, nous, d'expliquer à la raison l'origine du mal : est-ce notre faute si les socialistes, plus présomptueux, n'y ont point réussi ? Les contradictions où ils tombent semblent au contraire ajouter des difficultés nouvelles à l'obscurité de ce formidable mystère. Ils se flattent de vaincre le mal dans l'avenir ; quand cette prétention serait légitime, auraient-ils expliqué en cela les douleurs des générations passées et la fatalité des souffrances présentes ? Si les races futures doivent être affranchies du malheur, pourquoi les races éteintes et les races vivantes y furent-elles soumises ? Au point de vue philosophique, le problème est le même ; et comme ils ne l'ont point résolu, les socialistes, puisque c'est leur mot, sont plus manichéens que nous : ils ont, en effet, à concilier l'optimisme de leurs vues sur l'avenir avec le pessimisme de leurs invectives contre la société actuelle. Par quelle inconcevable pirouette d'esprit, eux qui ne voient que félicités dans l'horizon de demain accusent-ils avec tant d'imprécations et de cris de rage l'étape d'aujourd'hui ? Comment se peut-il que la société soit si mauvaise et si condamnable en ce moment ? comment mérite-t-elle toutes les révolutions et tous les châtiments que vous appelez sur elle avec furie, si, comme vous le professez, vous les grands prédicateurs du progrès, elle va spontanément, par sa pente naturelle, au bien et au bonheur ? Avant de nous sommer de lui dévoiler le secret de Dieu, le Janus socialiste devrait donc mettre d'accord ses deux masques : celui qui regarde le présent avec les crispations de la haine et de la colère, et celui qui grimace vers l'avenir un fade sourire de béatitude.

Quant à nous, moins misanthrope envers nos contemporains et moins flatteur pour les générations qui doivent nous suivre, nous qui, sans illusions comme sans amertume, nous sommes efforcé de mesurer d'un regard modeste et ferme les infranchissables limites de la route où marche l'homme ici-bas, nous n'avons qu'une raison pour combattre le socialisme ; et cette raison, c'est précisément qu'avec ses hérésies philosophiques, ses bévues économiques, ses provocations passionnées et violentes, il détourne l'humanité de ses voies, la condamne à de douloureuses et stériles fatigues, la replonge dans les humiliantes misères de la barbarie, et irrite en elle tous les maux de l'âme et du corps. Nous croyons, et ce serait, suivant nous, une stupide et criminelle lâcheté de ne point se l'avouer, nous croyons que la souffrance morale et physique demeurera sur la terre tant qu'il y aura des hommes, quand on réunirait sur chacun d'eux l'opulence voluptueuse de Sardanapale, la beauté d'Alcibiade, la sagesse de Socrate et l'héroïque génie d'Alexandre. Nous croyons montrer une sympathie plus sincère et plus efficace pour les douleurs qui nous entourent, d'un côté, en leur assignant une signification religieuse, de l'autre, en leur apportant tous les soulagements graduels que le présent nous fournit et que le progrès quotidien nous procure, au lieu de les exaspérer jusqu'au désespoir ou d'essayer de les endormir dans l'abrutissement des plus nobles facultés humaines. Cette démonstration s'achèvera par l'examen de l'économie politique des socialistes.

Après avoir affirmé que nous devons être heureux sur la terre, le socialisme était tenu de prouver que nous pouvons l'être et de dire comment nous pouvons le devenir. Il a donc demandé à des combinaisons économiques ses recettes de bonheur. Dans cet ordre d'appréciations, toutes les utopies socialistes s'accordent sur deux choses : premièrement, la condamnation de la constitution économique de la société actuelle ; secondement, la prétendue nécessité d'asservir la liberté individuelle à une organisation réglementaire du travail. Le socialisme critique d'abord et dogmatise ensuite. Avant de juger ses systèmes et ses voies et moyens de réalisation, arrêtons-nous un instant à ses critiques.

Le procès que le socialisme révolutionnaire intente à la société porte également sur deux points : un point de fait et un point de droit. En fait, le socialisme prétend que la constitution économique de la société actuelle aggrave chaque jour la situation des classes souffrantes, empire le sort des travailleurs, élargit et envenime la plaie du paupérisme. En droit, le socialisme accuse l'économie politique de prêter aux maux de la société une fausse sanction scientifique, de donner carte blanche à toutes les injustices, à toutes les cruautés de la fortune, de légitimer tous les crimes industriels et commerciaux par le laissez-faire et le laissez-passer. Or, il est facile de montrer que cette double critique du socialisme repose sur deux préjugés ou deux mensonges un préjugé de mauvaise foi et un préjugé d'ignorance. D'une part, le socialisme, dans un intérêt révolutionnaire, calomnie la société qu'il veut détruire ; de l'autre, il dénature le caractère d'une science qu'il ne comprend pas ou qu'il ne connaît point.

S'il y a dans l'état présent de notre civilisation un progrès qui fasse honneur aux sociétés modernes, c'est la sollicitude assidue, infatigable avec laquelle la science et la politique étudient depuis bientôt un siècle la condition des classes les plus nombreuses et les plus malheureuses. Tout l'effort de la politique, tout le travail de l'économie politique, ont abouti, de nos jours, à une seule fin : explorer les souffrances matérielles du peuple, en découvrir les causes, en rechercher le remède. Dans les idées qui prévalent en Europe depuis 1789, qu'est-ce, à proprement parler, que le gouvernement, sinon une enquête permanente ouverte sur tous les faits sociaux, et par conséquent sur ceux qui intéressent le plus grand nombre ? Avant cette ère où la lumière a été chaque jour répandue sur les intérêts publics, la politique s'enfermait dans un palais ténébreux gardé par des muets. Aujourd'hui, la publicité et la parole recueillent tout, éclairent tout ; il n'y a plus un mal social qui reste ignoré, plus une plainte qui soit étouffée, plus un cri de détresse qui ne retentisse à l'oreille et au cœur de tous. Sans doute, — et nos révolutions si fréquentes n'en sont qu'un trop malheureux indice, — sans doute, si le mal est porté à la connaissance de tous, tous ne sont pas encore d'accord sur l'efficacité des remèdes ; si la conscience publique est avertie et instruite des faits, la raison générale, qui doit choisir entre les systèmes de soulagement proposés, n'est point formée encore ; mais le progrès que nous constatons n'en est pas moins précieux. Il est la condition première et indispensable de tous les progrès ultérieurs qu'attendent les générations sur lesquelles s'appesantit le servage de la misère ; et si les emportements révolutionnaires ne viennent pas troubler et dérouter à chaque instant les études qui hâtent la maturité de l'esprit public, ces enquêtes incessantes sont le gage infaillible d'incessantes améliorations.

Eh bien ! qu'ont fait les socialistes des résultats de cette vigilance nouvelle de la société, de cette curiosité bienfaisante qui a fouillé toutes les misères et sondé toutes les plaies du paupérisme ? Ils ne s'en sont servis que pour noircir et diffamer la société elle-même. Munis des statistiques amassées par une philanthropie scrupuleuse, ils en ont tiré un faux témoignage pour faire croire aux travailleurs que leur condition se détériore au lieu de s'élever, pour pousser à bout l'impatience et le désespoir du peuple ; ils ont, en un mot, retourné le progrès contre lui-même. Le socialisme a donc fondé la critique de la société sur ce préjugé propagé aveuglément par tous ses adeptes, à savoir que notre constitution économique aggrave les douleurs des classes laborieuses et les refoule toujours plus bas dans la spirale infernale de la misère. Tel est le thème de toutes les prédications socialistes. Attribuant la responsabilité du mal aux études qui l'ont signalé, et qui, par cela même, en commençaient la lente guérison, elles représentent les souffrances des travailleurs comme des faits nouveaux parmi nous, qui n'existaient point autrefois, qui vont d'ailleurs en s'agrandissant chaque jour, en sorte qu'il semblerait que la durée du régime économique actuel implique l'appauvrissement graduel et finalement la destruction totale des travailleurs. Quoique ce mensonge soit étalé à chaque page, dans toutes les publications socialistes, j'en veux emprunter l'expression textuelle et formelle à quelques-uns de ces derniers écrits « Le paupérisme, dit M. Vidal, un des abréviateurs de la doctrine, *fléau d'origine récente*, est la conséquence forcée du salariat et de la concurrence, de la condition *nouvelle* faite aux classes laborieuses dans ce régime maudit qu'on a faussement appelé régime de la liberté du travail. De tout temps, on avait connu la pauvreté *accidentelle* ; mais autrefois la pauvreté recrutait ses sombres légionnaires parmi les infirmes ou les invalides, parmi les fainéants ou les débauchés, parmi ceux qui étaient hors d'état de travailler, ou qui refusaient volontairement de travailler. Aujourd'hui le paupérisme recrute parmi les ouvriers valides, honnêtes, laborieux, parmi les travailleurs sans emploi de l'agriculture. » Vous remarquez cette opposition entre *autrefois* et *aujourd'hui* ; autrefois, suivant M. Vidal, le mal était accidentel ; aujourd'hui, il est permanent et chronique. Mais, après le secrétaire, écoutez le président de la commission du Luxembourg, M. Louis Blanc, le rhéteur du parti. Celui-ci, dans son dernier pamphlet (*Droit au travail*), affirme que, sous le régime déplorable qui nous écrase, tous les progrès industriels deviennent pour les travailleurs « des motifs de douleur et d'inquiétude, » que la tendance des salaires est de décroître, et que dans les manufactures de coton, de 1814 à 1833, ils ont bais-

Eugène Forcade

sé de onze douzièmes ; qu'enfin la concurrence aboutit à la fois *à un accroissement démesuré des forces de la production et à une décroissance correspondante des moyens de consommation*, et c'est M. Louis Blanc qui souligne lui-même ce contre-sens monstrueux !

Voilà la calomnie sur laquelle le socialisme révolutionnaire fonde les attaques qu'il dirige contre la société. Je l'appelle à dessein un préjugé de mauvaise foi, car elle est péremptoirement démentie par les faits, et il est odieux de dénaturer les faits pour venir, en leur nom, ameuter contre l'édifice social des passions ignorantes et trompées. Il ne s'agit point ici de simples accidents, car les socialistes assignent toujours à leurs principes et à leurs assertions une signification et une portée générales. La question qu'ils soulèvent est celle-ci : La condition des classes laborieuses prises dans leur ensemble va-t-elle en se détériorant sous l'influence du régime économique actuel ? Ils ne craignent pas de répondre oui, tandis que les faits et les choses, au contraire, établissent irréfutablement la marche ascendante des travailleurs.

D'abord est-il vrai qu'avant le régime manufacturier qui s'est étendu en Europe à la faveur de la liberté politique, des progrès scientifiques et de la paix, la pauvreté, comme le veulent M. Vidal et les révolutionnaires socialistes, fût une chose accidentelle ? Je le répète, il y a une mauvaise foi cynique à l'affirmer, car, en un pareil débat, l'ignorance serait plus criminelle que l'erreur, et ne se peut excuser. Or, voici quelle était la situation économique de la France à la fin du règne de Louis XIV. C'est le maréchal de Vauban qui la décrivait dans son *Projet de dixme royale*. « Par toutes les recherches que j'ai pu faire depuis plusieurs années que je m'y applique, j'ai fort bien remarqué que, dans ces derniers temps, près de la dixième partie du peuple est réduite à la mendicité, et mendie effectivement ; que des neuf autres parties, il y en a cinq qui ne sont pas en état de faire l'aumône à celle-là, parce qu'eux-mêmes sont réduits, à très peu de chose près, à cette malheureuse condition ; que, des quatre autres parties qui restent, trois sont fort mal aisées et embarrassées de dettes et de procès, et que dans la dixième, où je mets tous les gens d'épée, de robe, ecclésiastiques et laïques, toute la noblesse haute, la noblesse distinguée, et les gens en charge militaire et civile, les bons marchands, les bourgeois rentés et les plus accommodés, on ne peut pas compter sur cent mille familles, et je ne croirois pas mentir quand je dirois qu'il n'y en a pas dix mille, petites ou grandes, qu'on puisse dire fort à leur aise. » Telle était la condition du peuple, il y a un siècle et demi, à l'époque la plus magnifique de notre histoire. Les socialistes trouvent-ils que dans ce temps la pauvreté fût accidentelle ? Parce qu'elle s'appelait alors mendicité au lieu de s'appeler paupérisme, était-elle préférable aux misères actuelles ? Trouvent-ils, si récent est le mot, que nouvelle soit la chose ?

Sans remonter au règne de Louis XIV, il est démontré par les observations les plus incontestables, par les chiffres les plus éloquents, que, depuis la fin du XVIIIe siècle, la condition des travailleurs s'est chaque jour améliorée. Les socialistes déclament sans cesse sur la formule erronée de Malthus, suivant laquelle le genre humain serait décimé, dans la personne des prolétaires, par une sorte de famine chronique. M. Proudhon lui-même, qui l'a reprise pourtant comme une bonne machine de rhétorique révolutionnaire, avait donné une excellente réfutation théorique de la prétendue loi de Malthus dans ses *Contradictions économiques*. Il était encore réservé à cet épouvantail célèbre de figurer dans le discours d'un dramaturge de boulevard devenu l'orateur lettré de la jeune Montagne. La réalité a démenti cette théorie sinistre si avidement exploitée par le socialisme. Ainsi il est certain qu'en France la population a augmenté en même temps que l'industrie, et que la consommation s'est accrue parallèlement en une proportion plus forte. Il y a eu, dans le XVIIIe siècle, dix famines, et dix fois le prix de l'hectolitre de grain s'éleva au-dessus de 50 francs. Que les socialistes disent si un fléau semblable a pesé une seule fois sur le peuple depuis l'ère industrielle. En 1791, la production totale du froment était évaluée, en France, à 47 millions d'hectolitres, ce qui donnait 1 hectolitre 65 centilitres pour chaque habitant ; en 1840, elle était de 70 millions d'hectolitres, ou 2 hectolitres par tête, et la masse des autres subsistances a reçu un accroissement encore plus considérable. Il y a un signe non moins certain de la diminution du malaise du peuple, c'est le produit des contributions indirectes qui, les taxes demeurant les mêmes, augmente plus rapidement que la population. J'en signalerai deux branches, celles des boissons et des tabacs. On a vu le montant des droits sur les boissons, qui n'était que de 85 millions en 1817, s'élever à 101 millions en 1845, et la France, qui consom-

Eugène Forcade

mait, en 1817, 11,600,000 kil. de tabacs, en a consommé, en 1843, 17,070,000 kil. On sait que le revenu des impôts indirects, perçus sur les consommations du peuple, sont le thermomètre exact de la prospérité ou de la gêne d'un pays. Sous le coup de la révolution de février et des désastres qu'elle a produits, ce revenu a subi, cette année, une énorme diminution ; lorsque la France est heureuse, il suit, au contraire, une marche ascendante. Ainsi, de 1825 à 1846, dans une période de vingt années, il était monté de 540 à 804 millions sans qu'aucun impôt eût été augmenté. Un autre indicateur aussi infaillible de la condition économique du peuple, c'est le mouvement du commerce annuel. La masse des importations et des exportations exprime surtout le travail et la consommation des classes laborieuses, car le peuple est le grand producteur et le grand consommateur des marchandises que le commerce expédie ou reçoit. Eh bien ! je vois dans le *Tableau du commerce décennal*, qui vient d'être publié par l'administration des douanes, que la valeur de nos importations et de nos exportations réunies, qui était de 1168 millions en 1827, était parvenue, en 1846, vingt ans après, en suivant une progression constante, au chiffre de 2 milliards 437 millions, c'est-à-dire que la population de la France, tandis qu'elle s'accroissait d'un septième, voyait s'accroître du double la somme des objets de production et de consommation qu'elle échange avec l'étranger. Si l'on n'oublie pas que cette somme représente une portion du produit brut de la France, on aura une idée de l'accroissement de ce produit durant cette période prospère de vingt années. Et ici, il n'y a point à s'occuper des chicanes subtiles que les socialistes élèvent sur la distinction du produit brut et du produit net ; il n'y a pas à rechercher si les profits du capital ou le produit net ont suivi un développement proportionné à celui du produit brut. Il n'y a à constater qu'un résultat éclatant, immense, devant lequel toutes les déclamations révolutionnaires et tous les sophismes socialistes demeurent confondus et anéantis : ce résultat, c'est qu'en vingt ans de régime constitutionnel, de régime manufacturier et de paix, le peuple, celui que nous appelions tout-à-l'heure le grand producteur et le grand consommateur, bien loin, comme le lui disent de malfaisants sectaires, de voir diminuer son travail et rogner sa subsistance, était arrivé à produire et à consommer une quantité deux fois plus grande d'objets qui nous viennent du dehors, ou que nous y envoyons. Après cela, il n'est pas surprenant que l'avènement des ouvriers au travail indépendant devînt chaque jour plus facile et qu'ils parvinssent en plus grand nombre à former des établissements particuliers. Le chiffre des patentés indique cette progression : il y avait, en 1817, 847,000 patentés ; en 1840, on en comptait 1,416,600. Enfin, pour résumer dans leur conséquence la plus importante et la plus significative ces améliorations incontestables de la condition du peuple, il suffit de consulter les tables de mortalité. En 1780, la vie moyenne des Français était inférieure à vingt-huit ans et demi ; elle surpasse aujourd'hui quarante ans, et les progrès économiques de deux tiers de siècle ont ajouté parmi nous plus de onze années à la vie humaine.

Donc le socialisme révolutionnaire est convaincu de mensonge, lorsqu'il accuse notre constitution économique d'opposer des entraves au mouvement ascensionnel des travailleurs et de les précipiter plus profondément dans l'abîme de la misère. Donc M. Louis Blanc ne faisait qu'une fanfaronnade pitoyable, lorsqu'il se vantait de prouver que « la concurrence aboutit à un accroissement démesuré des forces de la production et à une décroissance correspondante des moyens de consommation. » Certes, il est difficile d'étouffer en soi un mouvement d'indignation et de mépris quand on songe que ceux qui accusent avec une pareille audace notre constitution économique d'avilir et d'affamer l'ouvrier sont les mêmes hommes qui, plus funestes qu'une épidémie ou qu'une famine, sont venus, cette année, suspendre le cours, depuis vingt ans ininterrompu, des progrès populaires, qui, par leurs sinistres menaces contre la société, ont arrêté le travail, condamné le peuple à diminuer ses consommations, jeté tous les travailleurs dans l'indigence, et réduit des milliers de prolétaires à la mendicité légale, déguisée sous le nom d'assistance. Et pourtant les faits que nous avons rappelés ne contiennent pas seulement la condamnation de quelques sophistes, il faut en tirer une conclusion plus élevée. Ils démontrent qu'au lieu de désespérer le peuple, notre régime économique doit encourager sa patience, son espoir, ses aspirations. Sans doute, nous n'opposons point au pessimisme absolu des socialistes un optimisme également insensé ; nous ne prétendons pas que la situation actuelle épargne à la majorité des hommes et des souffrances générales et des douleurs privées ; nous nous bor-

Eugène Forcade

nons à constater une seule chose : c'est que, dans notre constitution économique, le peuple en masse tend au bien-être par une pente assurée. Ah ! si l'histoire des cinquante dernières années disait le contraire, si les consommations du peuple et la vie moyenne avaient baissé depuis lors au lieu de monter, si, en un mot, les critiques dirigées par les socialistes et les révolutionnaires contre notre société n'étaient pas des calomnies effrontées, nous comprendrions que l'on vînt prêcher au peuple la croisade révolutionnaire et sociale, et qu'on voulût pousser l'humanité dans des voies nouvelles et dans les aventures de l'inconnu. Mais, puisque les faits donnent un démenti constant à cette supposition, ils proclament avec leur autorité infaillible que nous sommes sur la bonne route, que nous devons nous y avancer avec des efforts et un élan toujours croissants, et que ceux qui tentent d'en faire sortir le peuple ne sont que d'ignorants agitateurs, des paresseux inquiets, des esprits malades et funestes.

J'arrive à la seconde partie du réquisitoire socialiste, à celle qui attaque l'économie politique, à ce que j'ai appelé le point de droit, à la question de science pure. Ici la polémique du socialisme s'appuie sur un préjugé d'ignorance. Je ne relèverai pas l'outrecuidance avec laquelle les socialistes traitent cette pauvre économie politique ; j'essaierai seulement de préciser, entre elle et eux, le point du débat. La première chose qu'ils lui reprochent, c'est justement de vouloir rester ce qu'elle est, c'est-à-dire une science, au lieu de devenir ce qu'elle serait entre leurs mains, c'est-à-dire un roman.

Comme toutes les sciences positives, l'économie politique a dû fixer et circonscrire son domaine. L'économie politique proprement dite s'est donc bornée, premièrement, à observer et à décrire les faits, les circonstances, au milieu desquels s'accomplit le travail humain, au milieu desquels l'homme produit, consomme et échange ses produits contre ses consommations ; secondement, à formuler en lois les divers rapports qui lient nécessairement ces faits entre eux. L'économie politique enseigne donc comment la richesse se forme et se distribue ; telle situation étant donnée, tels faits étant mis en présence, elle indique les relations qui s'établiront entre eux et les conséquences qui en découleront. Comme toute science pure, elle devient donc, entre les mains de ceux qui la consultent et qui l'appliquent, particuliers, peuples ou gouvernements, une lumière, une aide, un instrument d'amélioration ou de progrès ; comme toute science, elle a pour fin principale et dernière le bien de l'homme, mais, comme toute science aussi, elle est, dans ses principes, indépendante des applications plus ou moins heureuses, plus ou moins habiles qu'on en peut faire. Ce n'est pas elle qui a créé les faits qu'elle décrit, et elle ne peut les modifier qu'en les éclairant ; ce n'est pas elle qui a créé l'intelligence et les forces limitées de l'homme, et sa liberté capable d'un bon et d'un mauvais choix. Elle ne peut pas plus saisir le bien-être complet que la philosophie le vrai absolu ou le souverain bien. Elle ne s'adresse qu'à une partie de l'homme, et, dans la pratique, elle se subordonne chez l'individu à la morale, et à la politique chez les peuples. Enfin, comme toutes les sciences de l'ordre moral, elle est dominée dans ses applications par ces deux principes fondamentaux de la nature humaine, la liberté et le progrès. Augmenter progressivement la liberté humaine dans la sphère de la richesse, par le travail et la production libre, par la répartition libre et le libre échange des produits, tel est le premier et le dernier mot de l'économie politique. Eh bien ! voilà ce qui fait son crime aux yeux du socialisme. Assurément, l'économie politique, science récente, dont les débuts datent à peine d'un siècle, est bien loin encore d'avoir fait pénétrer entièrement ses principes dans la constitution et le gouvernement des sociétés modernes ; mais comme, dans sa foi au progrès, elle attend tout des réformes et ne demande rien aux révolutions, le socialisme lui attribue les vices des institutions sociales ; comme elle défend et exalte la liberté, le socialisme la rend responsable des accidents douloureux par lesquels l'homme paie tous les agrandissements de cette faculté sublime. Supposez un sot ou un fou qui attribuerait à l'astronomie les naufrages des navigateurs imprudents, qui accuserait la médecine d'avoir inventé les maladies et la mort, qui soutiendrait que la morale est la cause des crimes qui désolent l'humanité, et vous aurez une idée des griefs que tous les socialistes, depuis Fourier jusqu'à Proudhon, ont articulés contre l'économie politique.

Entrons un instant sur le terrain même de la science, pour voir les trouées que le socialisme y a faites. Les socialistes révolutionnaires croient battre sans réplique les économistes sur trois questions : la détermination de la valeur, la théorie du produit net et la concurrence. C'est là, vous pourrez vous en convaincre par la lecture des livres de MM. Proudhon, Louis Blanc et Vidal, que viennent aboutir, sous la forme scientifique, ces ardentes questions de droit au travail, de propriété, de communisme, débattues avec tant de passion sous la forme populaire. Là est le nœud que les socialistes mettent les économistes au défi de trancher. Voyons.

La définition de la valeur est le premier problème de l'économie politique, la valeur est le premier fait qu'elle rencontre, la première idée qu'elle conçoit, le premier mot qu'elle prononce. Le produit que je crée pour le consommer, mes besoins et mes désirs lui assignent un rang dans l'échelle des objets que la nature m'invite à m'approprier ; il a pour moi une valeur. Outre cette valeur qui m'est personnelle, dont je suis pour moi-même le seul arbitre, — absolue en ce sens, — ce même produit, si je veux m'en servir pour l'échanger contre un objet que je ne peux créer ou m'approprier directement moi-même, a encore une valeur comparative, mesurée à l'objet que je désire, et dont l'estimation doit être débattue, concertée entre le propriétaire de cet objet et moi. Ainsi la valeur est à la richesse ce que la mesure est à l'étendue, ce que le temps est à la durée. L'estimation de la richesse, c'est-à-dire de tout ce que l'homme consomme et produit, ne peut se faire qu'en valeurs. Le premier problème de l'économie politique a donc été celui-ci : Y a-t-il une mesure typique fixe, invariable, des valeurs, un moyen de les estimer également dans l'échange ? Dans l'enfance de la science, les esprits novices ont cru qu'une pareille mesure pouvait exister ; c'est la terre, ont dit ceux-ci ; c'est l'or, ont crié ceux-là ; c'est le blé, ont prétendu les uns, c'est le travail, ont affirmé les autres, jusqu'à ce qu'enfin l'on ait reconnu qu'un étalon absolu de la valeur n'existait pas et ne pouvait pas exister. Qu'a-t-on fait alors ? On a étudié, décrit les deux aspects sous lesquels la valeur se présente. On a distingué la valeur d'usage, celle que les choses ont pour nous lorsque nous les consommons, de la valeur d'échange, celle que nous donnons aux choses lorsque nous voulons échanger des produits contre des produits. C'est la valeur d'échange qui marque aux choses leur prix, c'est-à-dire leur rang dans la hiérarchie des valeurs, déterminée elle-même d'un côté par les besoins variables de notre nature et de la civilisation, d'un autre côté par leur abondance ou leur rareté et le travail qu'elles ont coûté. En un mot, et j'emprunte cette phrase à M. Proudhon lui-même, « l'utilité fonde la valeur, le travail en fixe le rapport, et le prix est l'expression qui traduit ce rapport. » Mais il est évident que, les éléments et les coefficients des valeurs étant variables, le prix des choses n'est que la mesure flottante et approximative de leur valeur intrinsèque.

Qu'on ne s'effarouche point de cette analyse abstraite ; on va voir que le contre-sens sur lequel repose tout le socialisme prend naissance dans ces premières obscurités de la philosophie de l'économie politique, et que, suivant la route que l'on choisit à ce point de départ de la science, on aboutit, comme le socialisme, à la négation de la propriété et à la spoliation du capital. Voici en effet comment les socialistes argumentent ; leur théorie est compendieusement exposée dans le livre de M. Vidal sur *la Répartition des richesses*. Des deux valeurs, quelle est, se demandent-ils, la valeur sociale ou celle qui représente la richesse réelle, effective de la société ? C'est, répondent-ils, la quantité des choses nécessaires à la satisfaction des besoins de cette société, c'est la valeur de consommation. Jusque-là ils sont dans le vrai et ne s'écartent point des principes économiques ; mais ils ajoutent que la valeur d'échange, la valeur vénale, le prix, dénature et fausse la richesse sociale au profit de ceux qui possèdent le plus et au détriment de ceux qui ont le moins ; ils prétendent que, les choses ayant un prix relatif et la comparaison des prix étant la règle des échanges, chacun cherche à augmenter la valeur d'échange de sa marchandise, c'est-à-dire à s'enrichir lui-même, au lieu d'en augmenter la valeur de consommation, qui enrichirait la masse. Enfin, l'économie politique ne pouvant étudier et comparer les valeurs qu'autant qu'elles sont définies, qu'elles ont pour ainsi dire reçu un nom dans ce vocabulaire des échanges qui s'appelle le prix courant, que lorsque, par conséquent, elles sont devenues échangeables, l'économie politique est accusée de « sacrifier l'homme à la richesse, » d'aboutir « forcément à l'odieuse exploitation de l'homme par le servage et par le salariat. » On voit donc la gravité de cette question dans notre lutte avec les socialistes ; on la sentira davantage, lorsqu'on saura que c'est de là qu'ils partent pour établir, dans leur théorie du produit brut et du produit net, que, le produit brut correspondant à la valeur de consommation et le produit net à la valeur échangeable, ce produit net que se partagent les détenteurs des capitaux est un

Eugène Forcade

vol commis au préjudice de la masse de la nation sur son produit brut, qui équivaut à la totalité de ses consommations. Il faut bien suivre ces sophismes provoquants jusque dans les ténèbres métaphysiques où ils se dérobent comme des oiseaux de la nuit.

J'ai exposé l'objection des socialistes. Quelle en est la conséquence ?

C'est la condamnation et la suppression de la valeur échangeable. Peut-on imaginer une absurdité plus inouïe ? Le socialisme voudrait qu'il n'y eût qu'une seule valeur ; il voudrait trouver un étalon unique et invariable des valeurs ; il voudrait, pour parler comme l'école, connaître la valeur en soi. Il le dit en ces termes, sous la plume de M. Vidal : « Le prix, c'est tout autre chose que la *valeur*. Une marchandise peut être vendue à sa juste valeur, elle peut être vendue au-dessus, elle peut être vendue au-dessous. Or, on demande ce qu'elle *vaut* et non ce qu'elle est payée ; on demande combien elle *devrait* être vendue et non pas combien elle est vendue. Sur ce point, la réponse des économistes se réduit à ceci : Le prix est ce qu'il est à un moment donné ; il varie même d'heure en heure. » Après cette tirade, aveu si naïf d'une inintelligence complète des éléments et des conditions mêmes de l'économie politique, M. Vidal croit avoir beau jeu contre J.-B. Say, M. Rossi et les économistes, et c'est lui qui se met à taxer les autres d'ignorance ! Or, M. Vidal retourne à l'enfance de la science. Si ses paroles ont un sens, il croit qu'il peut y avoir une valeur fixe, absolue, indépendante des variations des lieux et des temps, d'après laquelle la tarification de tous les produits serait déterminée pour l'éternité. Mais la notion même de l'échange exclut une pareille idée. Pour supprimer la valeur échangeable, ou pour la fixer invariablement, il faudrait supprimer d'abord l'échange ; car sur quoi repose l'échange ? Sur un marché consenti librement entre deux producteurs. Dire que ce marché est librement consenti, c'est dire que l'estimation de la valeur qui en résulte est nécessairement variable, accidentelle, mobile ; qu'elle est subordonnée aux besoins, aux goûts, aux caprices des deux parties contractantes. C'est ainsi que le Péruvien échangeait avec l'Espagnol un morceau d'or contre un morceau de fer. M. Vidal et les socialistes ne pourraient supprimer la valeur d'échange que dans une association où tous les produits, mis d'abord en commun, seraient répartis ensuite à chacun par une autorité directrice, et où

II. L'ECONOMIE POLITIQUE REVOLUTIONNAIRE ET SOCIALE.

la commutation des choses entre les membres serait interdite ; là, en effet, l'estimation des choses n'aurait de mesure que la satisfaction du besoin : M. Vidal suppose une association semblable pour définir la valeur utile ; mais encore faudrait-il que cette association n'eût aucune relation avec le dehors, sans quoi la valeur d'échange reparaîtrait aussitôt. Ici comme partout le socialisme conclut à la mort de toute liberté, à l'impossible et à l'absurde.

Rendons ceci plus sensible par un exemple, et montrons en même temps que la valeur d'échange, dans la série du progrès industriel, se rapproche autant que possible de la valeur utile, sans qu'on puisse pourtant affirmer qu'elles coïncident jamais parfaitement.

Supposons deux associations telles que les définit M. Vidal : l'une en Amérique produisant du coton, l'autre en France produisant des tissus de coton ; celle-là ayant besoin de donner du coton pour se procurer des tissus, celle-ci de donner des tissus pour acquérir la matière première. Quelle est, pour l'association américaine, la mesure de la valeur utile du coton qu'elle produit ? C'est la quantité de tissus qu'elle a besoin de se procurer moyennant son coton. Il en est de même, en retournant les termes, pour l'association française. Si, des deux côtés, le besoin est égal ou également défini, c'est-à-dire si chaque association peut fixer d'avance l'étendue de son besoin, il est clair que, pour chacune, la valeur d'échange et la valeur utile seront une seule et même chose ; mais si le besoin ne peut être prévu avec précision, s'il demeure incertain, variable, l'appréciation relative des deux produits change : ils ne peuvent plus, au moment du marché, se mesurer réciproquement et avec exactitude par leur valeur utile ; une inconnue s'introduit de part et d'autre dans l'équation ; la spéculation commerciale, c'est-à-dire le jeu à l'imprévu et le calcul du probable, intervient dans l'estimation de la valeur, qui prend alors le caractère de valeur échangeable. C'est justement dans des circonstances semblables qu'ont lieu toutes les opérations commerciales. A moins de nous ramener à la tente du pasteur nomade ou au domaine du vieux Romain qui ne consommaient que ce qu'ils avaient eux-mêmes produit, je dis que le fait de l'échange, avec le double caractère de la valeur qui en est inséparable, se manifestera partout et toujours. Maintenant, le fait simple que j'ai supposé, imaginez-le multiplié, compliqué, croisé entre cent mille, un million d'associations ou d'individus, embras-

sant cent ou mille produits, et vous aurez les échanges tels qu'ils
s'accomplissent et s'accompliront sans cesse dans l'univers, avec
plus ou moins d'activité, plus ou moins d'étendue, mais avec les
mêmes caractères. Au sein de ce mouvement complexe, la valeur
utile sera toujours estimée par le besoin, et la valeur échangeable
sera toujours la valeur utile diversement modifiée, augmentée ou
diminuée, suivant la proportion variable qui pourra se supputer
entre les degrés des divers besoins à satisfaire et la somme des divers produits à échanger. On doit remarquer que plus les produits
seront nombreux, plus la concurrence sera active, et plus la valeur
vénale, la valeur en échange tendra à se rapprocher de la valeur
utile, celle que déterminent simplement les besoins. Les économistes ont eu par conséquent raison de dire que vouloir fixer la
mesure invariable et absolue de la valeur, ainsi que le demandent
les socialistes, c'est chercher la quadrature du cercle. En raillant
les économistes parce qu'ils n'ont pas découvert cette mesure les
socialistes sont donc aussi spirituels que des gens qui se moque-
raient des mathématiciens, parce que la géométrie ne peut trouver
le rapport de la diagonale au côté du carré. Les socialistes n'ont
réussi par là qu'à montrer, au début même de la science économique, qu'ils étaient incapables en grammaire de comprendre la
définition d'un mot, en logique de saisir le rapport qui unit deux
idées, en arithmétique commerciale de concevoir cette règle de
trois par laquelle les négociants établissent leurs prix et qu'ils appellent un arbitrage.

C'est pourtant d'une absurdité aussi palpable que les socialistes
font sortir la négation de la propriété, l'illégitimité prétendue des
revenus du capital, de l'intérêt de l'argent. Ce mot si célèbre de M.
Proudhon, *la propriété, c'est le vol*, ce mot qui, après avoir été le
scandale de la tribune nationale, fait aujourd'hui la joie du vau-
deville, ce mot qui nous menace toujours pourtant de nouvelles
barricades, et qui, suivant son auteur, doit nous tuer, ce mot est
la dernière conclusion de la folie que nous venons de discuter. M.
Proudhon tire cette conclusion de la théorie du produit brut et
du produit net, et il prétend avoir fait reculer sur ce terrain tous
ceux qui ont essayé de le réfuter. « La démonstration socialiste,
écrivait-il dans son dernier pamphlet, a été poussée jusqu'aux
dernières limites de la précision et de l'évidence mathématique,

et jamais, il ne faut pas se lasser de le dire, jamais les soi-disant économistes n'ont osé s'engager sur ce terrain. La propriété est impossible, a dit le socialisme, parce qu'elle suppose dans la société une chose absurde et contradictoire, à savoir une différence entre le produit net et le produit brut ; parce que, pour satisfaire aux exigences de ce faux principe et du droit qu'on en fait résulter, le propriétaire-capitaliste entrepreneur est obligé de vendre 100 ce qui ne lui coûte que 80, et que le travailleur-consommateur salarié ne peut payer que 80 ; parce que, dans ce régime d'exploitation usuraire, d'extermination réciproque, les produits ne s'échangent plus contre des produits, les réalités contre des réalités, mais contre des ombres, contre des fictions ! » Dans son ouvrage sur les *Contradictions économiques*, M. Proudhon, en 1846, jetait à la société, sur le même sujet, le même défi et les mêmes menaces : « Depuis six ans, j'ai soulevé cette effroyable contradiction ; pourquoi n'a-t-elle pas retenti dans la presse ? pourquoi les maîtres de la renommée n'ont-ils pas averti l'opinion ? pourquoi ceux qui réclament les droits politiques de l'ouvrier ne lui ont-ils pas dit qu'on le volait ? Pourquoi ?… Victimes du monopole, consolez-vous ! si vos bourreaux ne veulent pas entendre, c'est que la Providence a résolu de les frapper : — *Non audierunt*, dit la Bible, *quia Deus volebat occidere eos.* » On ne doit plus mépriser de pareilles provocations dans un temps où elles peuvent se traduire en coups de fusil et en coups de poignard.

Qu'est-ce donc que cette contradiction du produit brut et du produit net ? Voici d'abord la définition des économistes, nous l'empruntons à J.-B. Say : « La valeur produite est le produit *brut* ; cette valeur, après qu'on en a déduit les frais de production, est le produit *net*. » Or, suivant que l'on veut parler du produit total d'une nation ou du produit d'un individu, J.-B. Say attache un sens différent à cette distinction. « A considérer une nation en masse, dit-il, elle n'a point de produit net ; car les produits n'ayant qu'une valeur égale aux frais de production, lorsqu'on retranche ces frais, on retranche toute la valeur des produits. La production nationale, la production annuelle, doivent donc toujours s'entendre de la production brute. » Cela se comprend bien : à prendre une nation en bloc, comme une individualité, ses produits ne s'estiment que par leur valeur utile ; ils valent pour elle ce qu'ils lui ont coûté, c'est-à-dire que leur valeur est mesurée par la somme des besoins qu'il a fallu satisfaire pour les produire. Cependant faisons ici une observation qui doit éclaircir la suite de ce débat : n'oublions pas qu'à côté du produit national annuel, il y a le capital national, la richesse permanente du pays ; n'oublions pas que, si le produit national ne coûte que les frais qu'il a consommés, en lui-même il a une valeur plus grande que ces frais, car il augmente chaque année la richesse nationale, il accroît la force de production du pays, il tend d'année en année à diminuer les frais de cette production. Ainsi, je suppose que dans la production de la France, cette année, cent millions aient été dépensés en travaux publics, en constructions de chemins de fer, de canaux et de routes ; cent millions en achats d'instruments de travail nouveaux, de nouvelles machines, etc. : il est évident que cette production aura pour résultat de diminuer les frais de la production de l'année prochaine. En diminuera-t-elle pourtant la valeur intrinsèque, effective, la valeur utile pour le pays ? Évidemment non, puisqu'au contraire elle procure les moyens de produire davantage, c'est-à-dire de satisfaire un plus grand nombre de besoins. Ainsi, s'il est vrai qu'une nation puisse dire en un sens que son produit annuel vaut, au point de vue des frais, ce qu'il lui a coûté, il est aussi incontestable que, si cette nation est en voie de progrès, son produit a une valeur utile supérieure dont le surplus va augmenter le capital national, la richesse publique, et, par là, se répandre sur tous ses membres. Ce point établi, revenons aux définitions de J.-B. Say. « La production nette ne peut s'entendre que lorsqu'il s'agit des intérêts d'un producteur par opposition à ceux des autres producteurs. Un entrepreneur fait son *profit* de la valeur *produite*, déduction faite de la valeur *consommée* ; mais ce qui est pour lui valeur consommée, comme l'achat d'un service productif, est, pour l'auteur de ce service, une portion de *revenu*. » Ceci est encore d'une évidence manifeste ; comme nous l'avons vu pour les particuliers, qui ne produisent que par l'échange et pour l'échange, la valeur se traduit nécessairement en valeur vénale, et ils se partagent entre eux, en propriété, en profit, en revenu, l'accroissement annuel du capital national.

Voici cependant comme M. Proudhon dénature un phénomène si naturel. Par cette répartition de profits et de revenus, le principe de Say, dit-il, cesse d'être vrai, « puisque, par l'effet du monopole, le chiffre des *prix de vente* est de beaucoup supérieur au chiffre des *prix de revient*. Or, comme c'est cependant le prix de revient qui doit acquitter le prix de vente, puisqu'une nation n'a en réalité d'autre débouché qu'elle-même, il s'ensuit que l'échange, partant la circulation et la vie sont impossibles. » Pour reproduire dans toute sa force l'objection de M. Proudhon, je transcris le passage de son mémoire sur la propriété où il l'a exposée pour la première fois : « En France, vingt millions de travailleurs répandus dans toutes les branches de la science, de l'art et de l'industrie, produisent tout ce qui est utile à la vie de l'homme. La somme de leurs salaires réunis égale par hypothèse 20 milliards ; mais, à cause du bénéfice (produit net et intérêts) avenant aux monopoleurs, la somme des produits doit être payée 25 milliards. Or, comme la nation n'a pas d'autres acheteurs que ses salariés et ses salariants, que ceux-ci ne paient pas pour les autres, et que le prix de vente des marchandises est le même pour tous, il est clair que, pour rendre la circulation possible, le travailleur devrait payer cinq ce dont il n'a reçu que quatre. » Enfin M. Proudhon résume sa théorie en cette formule : l'ouvrier ne peut pas racheter son propre produit !

Il n'y a qu'un homme comme M. Proudhon, blasé sur les contradictions abasourdissantes de l'antinomie et tout offusqué de la passion révolutionnaire, qui ait pu, sans sourciller, affronter l'extravagance d'une pareille conclusion. Ainsi M. Proudhon n'a pas remarqué que, si son objection était vraie, elle ne frapperait pas seulement les profits du capital, les revenus de la propriété, mais elle anéantirait la possibilité même de l'industrie. Si le travailleur est forcé de payer 100 la chose pour laquelle il n'a reçu que 80, si le salaire ne peut racheter dans un produit que la valeur qu'il y a mise, autant dire que le travailleur ne peut rien racheter, que le salaire ne peut rien payer. En effet, dans le prix de revient, il y a toujours quelque chose de plus que le salaire de l'ouvrier, et, dans le prix de vente, quelque chose de plus que le profit de l'entrepreneur : il y a, par exemple, le prix de la matière première, souvent payé à l'étranger. Si M. Proudhon ne se trompe point, quand il n'y aurait plus ni entrepreneur, ni propriétaire, ni capitaliste, quand nous serions tous travailleurs, jamais donc, avec nos salaires, nous ne pourrions payer le prix même de revient. Pourquoi d'ailleurs n'applique-t-il pas dès à présent sa théorie aux entrepreneurs eux-mêmes et ne

Eugène Forcade

va-t-il pas jusqu'à soutenir qu'un architecte qui achète une maison se condamne à mourir de faim ? Au premier aspect, le raisonnement de M. Proudhon est donc le comble de l'absurdité. Quand on l'applique à la réalité, on rougit d'être obligé de répondre à d'aussi insolentes niaiseries. Prenez un ouvrier dans une manufacture de tissus, et voyez si, avec son salaire, il ne rachète pas aujourd'hui une plus grande quantité de son produit qu'il ne pouvait en racheter avant le régime industriel et l'établissement des machines. Dans ses excellentes *Lettres sur l'organisation du travail*, M. Michel Chevalier parle du moulin de Saint-Maur qui, avec vingt ouvriers, est en état de moudre chaque jour le blé qu'il faut pour cent mille rations de soldats. Placez un de ces ouvriers en face des cinq mille rations qu'il fabrique en douze heures, et demandez-lui s'il n'y a dans la valeur de ce produit que celle que son travail y a mise et s'il se tiendra pour volé tant qu'on n'élèvera pas son salaire au chiffre de cette valeur ? Si la théorie de M. Proudhon n'était pas un nonsens, il y a longtemps que l'échange, la circulation et la vie, comme il dit, seraient impossibles ou seraient en train de disparaître. Or, il est certain, au contraire, que, dans la période de vingt années qui a précédé la révolution de février, au lieu de décroître, les consommations du peuple ont doublé. Les faits, aussi bien que la logique, démasquent la monstrueuse erreur de M. Proudhon. ; mais quelle est la cause de l'égarement d'un si outrecuidant raisonneur ? Il n'a oublié qu'une chose dans son hypothèse, c'est l'accroissement continuel du capital national ; il a oublié que cet accroissement se constate pour tous les travailleurs, ceux de l'entreprise comme ceux de la main-d'œuvre, en profits et en revenus ; il a oublié que cet accroissement, d'une part, se capitalisant en dépenses reproductives, se résout immédiatement en salaires, et, d'un autre côté, augmentant sans cesse les forces de la production et la quantité des produits, tend à abaisser sans cesse les prix de vente vers la limite des prix de revient, et à rajuster, autant que cela est compatible avec la liberté humaine, la valeur d'échange à la valeur utile, en sorte que, si l'on pouvait peindre par une image matérielle la marche ascendante du travail, de la richesse nationale et du bienêtre général, il faudrait se représenter une pyramide renversée dont la pointe toucherait le sol et qui élèverait dans l'infini sa base mouvante et continuellement élargie.

II. L'ECONOMIE POLITIQUE REVOLUTIONNAIRE ET SOCIALE.

Telle est la méprise de M. Proudhon. Il faudrait toute la brutalité de langage habituelle à cet écrivain pour la qualifier avec ce qu'elle mérite de sévérité au point de vue des conséquences sociales qu'il en tire et de dédain au point de vue de la science. M. Proudhon s'enfonce si carrément dans cette erreur, qu'après l'un des passages que nous avons cités il ajoutait : « Par le roulement du numéraire et la faculté qu'il a de pouvoir se replacer sans cesse, 2 milliards produisent actuellement comme 25 : dette publique, 6 à 7 milliards ; hypothèques, 8 milliards ; obligations et actions, 6 milliards ; escompte et circulation, 5 milliards. En sorte qu'un capital qui, dans l'hypothèse aujourd'hui démontrée fausse de la légitimité de l'intérêt, ne devrait entretenir au plus, à la moyenne de 69 centimes par jour et par tête, que 400,000 parasites, en fait vivre 5 millions, la septième partie de tout un peuple. » J'en appelle à M. Proudhon lui-même : s'il avait lu ces lignes dans une publication communiste, lui qui tire si grande vanité de son érudition économique, de quel mépris n'eût-il pas accablé le malheureux scribe qui aurait eu le malheur de les tracer ! Quoi ! confondre le numéraire, le capital circulant, avec la richesse sociale et le capital, national ! attribuer à la vertu du numéraire qui court de main en main cette accumulation de travail, ce capital consolidé qui, appliqué à la dette publique, représente une prime d'assurance politique payée à l'état ; — à la dette hypothécaire, une transmission prochaine de propriété ou un accroissement de la valeur de la terre ; — aux obligations et actions, une multiplication des instruments de travail, une augmentation des forces productives du pays ; — à l'escompte enfin, le crédit, c'est-à-dire la transformation fertilisante des profits et des revenus en entreprises nouvelles, en travail, en salaires et en produits ; — confondre tout cela avec le rôle du numéraire pour nous montrer la moitié de la nation comme spoliée et l'autre moitié comme vivant de rapine, quelle méchante et plate ignorance ! eût dit M. Proudhon. « Tant qu'un fait plus puissant ne sera pas opposé à la propriété, ces attaques ne sont bonnes qu'à ameuter la gueuserie ! »

Ce fait plus puissant, est-ce le prétendu fléau de la concurrence, cet *hobby-horse* de M. Louis Blanc, qui le fournira ? Je ne suivrai pas M. Blanc ni les socialistes dans leurs critiques de la concurrence, d'ailleurs si souvent et si victorieusement réfutées. J'en dis tout de suite la raison : c'est que personne ne nie les maux particuliers et les souffrances personnelles qui pèsent encore sur les hommes sous le régime industriel. Loin de là : quoique de jour en jour décroissants, nous croyons pourtant ces maux inhérents à la nature humaine telle qu'elle nous est connue, car ils sont la condition et la conséquence nécessaires de la liberté. Mais les socialistes font une confusion perpétuelle que le sens commun, trop longtemps insulté par eux, devrait enfin leur interdire : les socialistes, comme je l'ai déjà observé, confondent sans cesse la question particulière et la question générale. Ils posent d'abord la question dans les termes généraux : il s'agit de rechercher quelle est, pour l'humanité en masse, la condition la plus heureuse ; puis, dans la discussion, ils ne s'occupent plus que des accidents particuliers. Il y a des négociants qui se ruinent, il y a des ouvriers qui chôment, hélas ! nous ne le savons que trop ; mais, avant de conclure de là contre le régime de la concurrence, il faut examiner si, dans son ensemble et prise en masse, la société ne voit pas l'intensité de ses maux diminuer, le degré de son bien-être augmenter à la faveur de ce régime ? Les faits et la science répondent affirmativement. Procéder autrement, conclure du malheur particulier contre l'amélioration générale, c'est raisonner comme des gens qui diraient : On peut se tuer en tombant de cheval, donc l'équitation est un exercice homicide et funeste ; on peut se casser une jambe en courant, donc la fraternité commande de donner l'exostose au genre humain. En supprimant de la sorte les chances du mal, on mènerait l'homme, de mutilation en mutilation, à l'intelligence et au bonheur des huîtres. Il y a une farce italienne où Arlequin., plus conséquent et plus profond que M. Louis Blanc, dit que nous serions parfaits, si nous n'étions ni hommes ni femmes.

Je crois avoir tenu ma parole et avoir prouvé, en suivant les socialistes sur leur terrain, que leurs accusations contre la société ont pour base le mensonge et la mauvaise foi, et leurs accusations contre l'économie politique l'ignorance ou la dureté d'esprit. Il reste à examiner leurs systèmes, mais il n'est pas nécessaire de les discuter tous ; ils reposent tous, en effet, sur un même fondement. Si ce fondement est légitime, ils sont tous vrais ; s'il est chimérique, ils sont tous faux. On peut donc les juger tous d'un seul coup.

Je lisais dernièrement, dans un écrivain du XVIIIe siècle, l'anecdote suivante sur Maupertuis, ce philosophe matérialiste que M. Villegardelle, un de nos communistes les plus spirituels, a placé parmi les patrons du socialisme. Maupertuis, étendu dans son fauteuil et *bâillant*, disait un jour : Je voudrais dans ce moment-ci résoudre un beau problème qui ne fût pas difficile. Ce mot, dit le narrateur, peint l'homme tout entier. Je ne doute point que si M. Villegardelle et ses amis eussent existé en ce temps-là, Maupertuis, dans un de ces moments de béate indolence, n'eût pris sur lui de résoudre la question de l'organisation du travail, telle que les socialistes la conçoivent. A leur gré, en effet, ce problème est fort beau ; mais il n'est point difficile. Voici en quoi il consiste. Les socialistes considèrent un peuple ou l'humanité comme un seul homme et raisonnent ainsi : Que faut-il pour qu'un homme assure son existence ? Il faut qu'il connaisse ses besoins et qu'il produise ce que ses besoins lui demandent. Que faut-il donc pour qu'un peuple ait le bien-être ? Il faut tout simplement dresser le recensement de ses besoins ; une fois ce recensement accompli, il n'y aurait plus qu'une chose à faire : on enrôlerait des hommes dans chaque branche de la production, comme on enrôle aujourd'hui des marins et des soldats ; on saurait, combien il faut d'agriculteurs, combien de fileurs, combien de tisseurs, combien de tailleurs, combien de cordonniers, etc. Les citoyens seraient répartis, par un mode quelconque, dans chaque métier ; la production serait mise en commun : la somme des produits serait divisée par le nombre des citoyens, et le quotient serait le lot de chacun. Réduit à ses termes les plus généraux, voilà tout le socialisme, voilà le but final de tous ses systèmes, et ils sont infidèles à leur propre nature, s'ils s'écartent de ces limites. En effet, que reprochent les socialistes à l'économie politique ? C'est, comme M. Louis Blanc, de ne pas mettre en rapport les forces de la production avec les moyens de consommation ; c'est, comme M. Proudhon, de laisser dévorer la substance du prolétaire par les profits arbitraires du capital, et d'exposer la vie du peuple aux chances des crises périodiques du commerce et de l'industrie ; c'est, en un mot, de ne point chasser l'inconnue de l'équation de l'offre et de la demande. J'ai donc raison de dire que tous les systèmes socialistes, à moins qu'ils ne consentent à prendre à leur compte le crime qu'ils reprochent à l'économie politique, à moins qu'ils ne se comprennent pas eux-mêmes et qu'ils

Eugène Forcade

ne sachent pas ce qu'ils veulent, doivent, par des procédés divers ou semblables, arriver à ce même résultat : supprimer l'inconnue du problème de la production et de la répartition des richesses ; diriger l'offre, c'est-à-dire la production, comme si toutes les demandes de la consommation étaient d'avance connues ; organiser enfin le travail de telle sorte que l'existence d'aucun homme ne soit plus exposée un seul jour aux chances de l'imprévu. Si poser le problème de la sorte était le résoudre, on voit que Maupertuis eût pu le trancher, dans l'espace d'une digestion, en bâillant d'aise dans son fauteuil à bras. Ce n'est pas plus difficile que le palais qu'Ésope se chargeait de bâtir en l'air, pourvu seulement qu'on fît parvenir les matériaux de l'édifice aux maçons enfantins balancés dans une corbeille au bec des aigles.

L'assimilation de l'humanité ou d'un peuple à un homme est-elle juste ? Voilà toute la question. Sans doute on voit des hommes isolés borner leurs besoins et produire avec très peu d'effort à la mesure de leur appétit. L'Indien d'Amérique n'a plus rien à faire quand il a tué sa proie ; le sauvage de la Nouvelle-Hollande s'endort dans une délicieuse hébétude lorsqu'il a mangé le poisson de sa pêche après l'avoir suspendu de la main un instant sur une tourbe embrasée ; le lazzarone, avec le salaire d'une course, gagne sa pitance de macaroni et peut boire comme un lézard tout son soûl de soleil et de paresse pendant une grasse journée. Mais les besoins d'une multitude d'hommes, d'un peuple, qui en serait le peseur et le jaugeur patenté ? Pour les évaluer, il faudrait commencer par mettre des limites aux besoins et par conséquent au travail de chaque individu ; il faudrait ensuite poser des limites au nombre même des consommateurs ; il faudrait que l'état, comme disait M. Proudhon dans une de ses boutades heureuses, mais inconséquentes, contre les communistes, se chargeât de faire lui-même les enfants ; puis, pour proportionner les ressources aux besoins, il faudrait encore que le pouvoir social pût gouverner les saisons ou en prévoir les variations ; il faudrait qu'il fût magicien ou astrologue, car la condition de toute subsistance et de tout produit est enfermée dans l'incertitude des récoltes qui fournissent les aliments et les matières premières. Et quand tout cela serait possible, qu'aurait-on obtenu ? Une société mise en cage qui vendrait à chaque instant, sous toutes les formes de l'activité humaine, son indépendance, c'est-à-dire l'essor de sa grandeur vers l'infini, pour le plat de lentilles et l'assouvissement brutal de la bête. Mais tout cela est impossible. Non, vous n'enlèverez jamais radicalement l'inconnu, l'imprévu, l'incertain des lois du travail et de la répartition des produits ; car le besoin réside dans l'homme, où il s'agrandit par le désir auquel aucune prévision ne peut assigner des bornes, et la satisfaction du besoin dépend de la nature, que l'homme s'approprie partiellement, il est vrai, mais qui toujours aussi, par ses lois et ses accidents mystérieux, échappe en partie à nos prévisions ou à nos forces.

Si je ne devais rester fidèle au plan de cette étude, je montrerais dans l'examen détaillé des diverses utopies socialistes tous les non-sens, toutes les contradictions, toutes les impossibilités où cette fondamentale erreur les entraîne ; mais cette réfutation serait maintenant superflue après la série de publications qui ont discuté sous toutes les formes les erreurs pratiques du socialisme. Je n'ai sur ce point qu'à renvoyer le lecteur aux ouvrages que j'ai indiqués en tête de ces lignes. C'est un devoir surtout d'insister plus particulièrement sur un livre d'une portée bien plus haute, les *Lettres sur l'organisation du travail*, de M. Michel Chevalier. Les circonstances au milieu desquelles ces lettres ont paru ajoutent le mérite du citoyen au talent de l'économiste. Je ne sais plus quel Omar de la veille, quel barbare de l'invasion de février venait d'enlever à l'économie politique et à M. Michel Chevalier sa chaire du Collège de France ; c'était la même chaire où M. Michel Chevalier avait si dignement remplacé ce martyr de la cause conservatrice et libérale, l'infortuné M. Rossi. M. Michel Chevalier répondit noblement et courageusement à cette mesure du pouvoir révolutionnaire, qui, fidèle à ses stupides instincts de destruction, étouffait la voix de la science, au moment où il donnait au socialisme une tribune au Luxembourg et une armée dans les ateliers nationaux. M. Michel Chevalier en ce moment même reprit avec la plume, nos lecteurs s'en souviennent, cet enseignement sensé, savant, ingénieux, toujours élégant, quoique pratique, qui lui a marqué une place si élevée parmi les économistes contemporains. Telle est l'origine des *Lettres sur l'organisation du travail*, qui, malgré toutes les publications qui l'ont suivie en foule, demeurent le livre le plus complet que nous possédions sur les questions sociales actuelles. L'économie poli-

Eugène Forcade

tique n'oubliera point le service que M. Michel Chevalier lui a rendu dans une circonstance si critique.

Mais, pour achever le jugement du socialisme, il reste à considérer les moyens par lesquels il travaille à s'emparer de la société, ce que l'on pourrait appeler sa politique. Résumons d'abord ses caractères comme doctrine : dans l'ordre philosophique, il se trompe sur la destinée de l'homme en lui promettant le bonheur sur la terre ; il ne peut promettre à l'homme le bonheur terrestre, d'un côté, qu'en niant Dieu, ou en annulant ses attributs, ou en blasphémant sa providence, de l'autre, qu'en divinisant les vices de nos instincts et les caprices de nos passions, en exaltant le matérialisme, et enfin en asservissant la liberté de l'individu à la tyrannie des masses. Économiquement, il se trompe sur les conditions matérielles des sociétés, comme il avait erré sur la destinée de l'homme. C'est la haine des conditions actuelles qui l'inspire ; aveuglé par cette haine, il accuse mensongèrement les institutions nécessaires sur lesquelles toute société s'appuie, il leur attribue des maux dont elles ne sont pas responsables, il leur reproche d'aggraver des douleurs qu'elles atténuent au contraire par des soulagements progressifs et continuels. Enfin cette même passion le détourne de l'étude ou de l'intelligence de la science économique, et, comme il aborde cette science avec un parti pris et des conclusions arrêtées d'avance, il en outrage tous les principes et en confond toutes les applications. Vous pouvez maintenant comprendre la politique naturelle du socialisme. — Le socialisme, malgré ses protestations contraires, nie le progrès, parce que le progrès des faits suppose la raison du passé et la légitimité du présent, parce que le progrès des idées, fondé uniquement sur les adhésions libres de la raison à la vérité, exclut l'emploi des violences matérielles et de la force physique : le socialisme est révolutionnaire. -Le socialisme détruit la nationalité et le patriotisme, parce que le patriotisme est un sentiment qui nous rend amoureux et fiers de notre pays dans le passé, et qui nous fait en quelque sorte contemporains, par la mémoire et par le cœur, des vicissitudes de son histoire, parce que l'histoire est, comme le progrès, la gloire du passé et la justification du présent, parce que les nations ont un génie comme les hommes ont une âme, et que vouloir mutiler un des caractères de ce génie comme une des facultés de l'âme, c'est les tuer : le socialisme est révolutionnaire.

II. L'ECONOMIE POLITIQUE REVOLUTIONNAIRE ET SOCIALE.

— Le socialisme allume et entretient des haines irréconciliables, parce qu'il pousse le flot des passions populaires contre des problèmes insolubles : le socialisme est révolutionnaire.

Le socialisme est la dernière forme et la dernière secousse de la révolution ; il n'a rien inventé. Les plus violents de ses adeptes proclament Robespierre comme le grand initiateur et le grand martyr de leur cause, et ils ont raison de se placer sous l'invocation de cette mémoire exécrée. Ce qui s'appelle aujourd'hui *parasitisme, rapines du capital*, etc., en argot socialiste, s'appelait *négociantisme* en patois jacobin dans les discours de Robespierre et les proclamations de Carrier. On trouva dans les papiers de Robespierre une ébauche informe où cet esprit faux et féroce s'était confié à lui-même l'épouvantable ressort de sa politique. « Les dangers intérieurs, écrivait-il, viennent des bourgeois. Pour vaincre les bourgeois, il faut rallier le peuple ;… il faut que l'insurrection s'étende de proche en proche toujours sur le même plan, que les sans-culottes soient payés et restent dans les villes ; il faut leur procurer des armes, les *tolérer*, les éclairer. Quand le peuple sera-t-il éclairé ? Quand il aura du pain, et que les riches et le gouvernement cesseront de soudoyer des plumes et des langues perfides pour les tromper ; lorsque leur intérêt sera confondu avec celui du peuple. Quand leur intérêt sera-t-il confondu avec celui du peuple ? *Jamais.* » Ne reconnaissez-vous pas dans ce langage la politique socialiste qui s'est déroulée sous nos yeux depuis la révolution de février ? Le socialisme révolutionnaire est donc une démence de l'esprit, une révolte de la chair et du sang, une colère des passions ; il n'est ni une doctrine ni une foi. Le socialisme, c'est la guerre.

Le socialisme est toute la révolution de février, disent ceux qui ont pris à cette révolution la part la plus active et la plus militante ; mais jusqu'à présent, grâce à Dieu, le socialisme n'a été encore pour la France, comme la révolution de février, qu'une leçon et une menace, c'est-à-dire un avertissement. La France est toute-puissante encore contre ce fléau : au bout de cette guerre, c'est son existence qui est en question ; elle se défendra, nous le voyons bien depuis dix mois, avec ce victorieux instinct de conservation que Dieu a départi aux peuples comme aux individus. Dans tout ce qui l'a conduite au bord de l'abîme, — hommes, partis et doctrines, — elle voit maintenant des ennemis qu'il faut repousser. Dans tout ce que le socialisme attaque, religion, liberté, propriété, hiérarchie, discipline, elle doit voir sa sauvegarde et son salut. Pour nous tous, nous pouvons continuer la lutte avec confiance, car nous avons avec nous le progrès, la science et la foi. D'ailleurs, tous ceux qui aiment la France avec la fierté des souvenirs ont brûlé leurs vaisseaux, car, si le génie de notre nation devait, après avoir subi ces affronts qui l'ont humilié depuis dix mois, jamais succomber sous le désastre d'une république socialiste, quel est celui de nous qui voudrait lui survivre ?

II. L'ECONOMIE POLITIQUE REVOLUTIONNAIRE ET SOCIALE.

ISBN : 978-1545415924

www.ingramcontent.com/pod-product-compliance
Lightning Source LLC
Chambersburg PA
CBHW072114280526
45788CB00006B/2517